EDITORIAL

En el momento que se escriben estas líneas, la publicación *Game Informer* ha comunicado que cierra sus puertas. Otra más. Cada vez quedamos menos revistas de videojuegos, motivo de alegría para algunos –suponemos–, pero de profunda tristeza para el que se aleja de forofismos y guerras absurdas, ese que ve el medio como un lugar de acogida, disfrute, aprendizaje y, sobre todo, diversión.

Se pierden más de tres décadas de periodismo de videojuegos con el fin de *Game Informer*. La publicación se hizo muy conocida por sus increíbles reportajes y entrevistas a diferentes desarrolladores. Adquirieron tal relevancia que muchos estudios punteros confiaban en ellos para los anuncios de sus nuevos juegos. Si *Manual* existe hoy en día, gran parte de culpa la tiene *Game Informer*, ya que muchos quedamos embrujados con su trato informativo.

Ante este panorama, la pregunta que surge es simple: ¿cuál será la siguiente en caer? Ya a comienzos de 2024, otra publicación con solera como *Micromanía* ponía punto final tras casi cuatro décadas de vida. Parece sólo cuestión de tiempo que se anuncie el cierre de otra revista; hasta que directamente no quedemos ninguna.

Dentro de varios siglos, cuando ninguno de los que estamos ahora mismo leyendo estas líneas estemos vivos, los investigadores del videojuego se preguntarán cómo se pudo perder el hacer periodismo y obtener datos en una época donde teníamos todos los medios para ello. Cómo es posible que no haya más documentación de las figuras que pusieron las bases de lo que amamos, de esos que todavía están vivos y tenemos la posibilidad de preguntarles. Las conclusiones que sacarán en sus investigaciones serán muchas –como también las tenemos ahora–, pero la única realidad es que nosotros estamos viviendo la caída en vivo y en directo. Nos arrepentiremos, pero mañana ya será demasiado tarde.

DESARROLLADORES

DIRECTOR
Nacho Requena Molina (@NachoMoL)

EDITORES
Darío Arca y Vicente García

MAQUETACIÓN Y DIRECCIÓN DE ARTE
Fran Martínez (@muyfran)

ILUSTRACIÓN
María Jiménez López (@mariajlart)

FOTOGRAFÍA
Fran Martínez y María Jiménez López

EDICIÓN FOTOGRÁFICA
Fran Martínez

LOGÍSTICA
Rafa Castro

PUBLICIDAD
contacto@revistamanual.com

EDITORIAL
Dolmen Editorial
C/Pere Dezcallar i Net, 13 - 2º - 7ª
dolmen@dolmeneditorial.com

IMPRESIÓN
Villena Artes Gráficas

COLABORADORES
José Luis Ortega (@Jl0rtega)
Laura Luna (@LauraLunaLu)
Laura González Fernández (@Shivaduna)
Miguel Olmedo Morell (@MiguelWrites)
Deborah López Rivas (@DeborahLRivas)
Enrique Colinet (@Baxayaun)
Alberto Venegas (@Albertoxvenegas)
Adrián Suárez (@Nuevebits)
Cristina Ogando González (@ultimacronista)
Ruth García (@rutxigarcia)
Carmen Suárez (@Saurrrez)
Juan Tejerina (@jtvillamuera)
Paula García Gil (@cecilos)
Sergio Tur (@serturjo)
Álvaro Arbonés (@AlvaroMortem)
Julio Carmona (@xNMCx)
Ramón Méndez (@Ramon_Mendez)

DATOS
www.revistamanual.com
contacto@revistamanual.com
ISBN - 978-84-10390-27-0
ISSN - 2605-1281
Depósito Legal: PM 1560-2017
Primera edición: agosto 2024

Esta obra ha recibido una ayuda a la edición del
Ministerio de Cultura.

Lo bueno, si retro, cinco veces bueno.

Disfruta de una comedia hecha videojuego. Dibuja una sonrisa en tu boca mientras destrozas a enemigos diseñados por el mangaka Yuu Watari y deleitas tus oídos con la magnífica música de Manami Matsumae (Mega Man, Shovel Knight...).

¡A la venta en todas las plataformas!

  STEAM  XBOX

CONTENIDOS

Nivel 01

Pintura amarilla
José Luis Ortega.28

¿Por qué me mareo
cuando juego?
Deborah López
Rivas.32

El juego, la leyenda,
el mito
Miguel Olmedo
Morell.46

La búsqueda
creativa de Final
Fantasy XVI
Sergio Tur.12

Entrevista a
Naoki Yoshida
Nacho Requena.36

Nivel 02

Vida y muerte
del E3
Paula García Gil.78

Jugar a un souls es
jugar a mentir
Adrián Suárez.74

No estábamos tan
locos
Laura González
Fernández.94

¿Merece la pena ir
a tiendas?
Juan Tejerina.100

Entrevista a
Jiwon Choi
Nacho Requena.64

6

LocalThunk

NIVEL 01

LA BÚSQUEDA CREATIVA DE FINAL FANTASY XVI

Texto **Sergio Tur** | Ilustración **Square Enix**

Naoki Yoshida y el equipo de Creative Business Unit III idearon todo un imaginario para la última entrega numerada de la serie que persigue referentes inusuales en la saga. En este reportaje repasamos el proceso creativo y sus influencias más destacadas.

Cuentan que, en una ocasión, le preguntaron a Hironobu Sakaguchi qué definía exactamente a la saga *Final Fantasy*. Su respuesta, con mucha sorna, fue que, sin lugar a duda, las cajas de texto de color azul. Acto seguido se echó a reír, pues para entonces ya habían pasado décadas desde que la serie dejara atrás los característicos diálogos de fondo azulado. Incluso *Final Fantasy IX*, su entrega favorita, ya había abandonado muchos de los motivos tradicionales. En realidad, la broma de Sakaguchi escondía una reveladora verdad: la franquicia de Square Enix siempre iba a remitir a los días de vino y rosas que le labraron su prestigio, al tiempo que su continua renovación ha hecho que palabras como identidad, impronta o espíritu dejen de tener un valor estático cuando se habla de sus numerosas iteraciones. *Final Fantasy* es movimiento, es una huida hacia adelante en busca del mirlo blanco que, con mayor o menor fortuna, siempre sobrevuela las oficinas de Square Enix sin que consiga anidar del todo.

Para algunos, el denominador común de las diferentes entregas reside en la iconografía de los cristales, una constante que remite a los primeros títulos de NES cuando apenas había margen técnico para desplegar el potencial narrativo que adquiriría más adelante. Para otros, está precisamente en la riqueza de sus historias que conectan con sentimientos universales con los que resulta difícil no sentirse apelado. Y los hay que tajantemente vinculan la saga al sistema de combates por turnos. Sin embargo, cualquiera de los intentos por hallar una respuesta satisfactoria se antoja insuficiente ante el abanico de posibilidades y ramificaciones que ha experimentado en casi cuatro décadas de existencia. *Final Fantasy* es hoy una quimera. Lo es todo y, a la vez, nada. Vive instalada en la mente de muchos jugadores, mientras que para otros habita en el corazón, ese lugar donde no gobierna la lógica.

Algunas entregas apuestan por construir universos de fantasía medieval; las hay que se inclinan por las intrigas políticas de primer orden; las que anteponen el viaje antes que el destino, y las que, por el contrario, basan su propuesta en un desenlace tan potente como capaz de articular todo un mito en torno a un personaje que parecía relegado a un segundo plano (pensemos en *Crisis Core* y en el papel central que adopta Zack para todo lo que ha venido después). Lejos quedan los días en los que el lanzamiento de un nuevo *Final Fantasy* era un fenómeno social tan grande que su impacto dejaba huella en la industria del videojuego. Cada entrega aparejaba consigo una revolución tecnológica que sacaba a relucir las mejoras de la consola de su época, y una hora frente a la pantalla era suficiente para atestiguar un espectáculo audiovisual digno de las grandes obras de medios como la literatura o el cine. Sin embargo, algo se resquebrajó

cuando su trayectoria intachable mostró los primeros signos de desgaste. El público comenzó a intuir los movimientos de manos del prestidigitador, y todo el mundo sabe que un mago sin trucos es poco menos que un demiurgo incapaz de crear.

En muchas entrevistas siguen preguntándole a Hironobu Sakaguchi qué anhela de aquellos comienzos en los que transformó su fantasía en realidad. Él suele atajar el asunto con caballerosidad y una perspectiva crítica poco habitual en un creador apegado durante tantos años a su trabajo. No hay reproches a Square Enix en sus intervenciones públicas, lo que demuestra hasta qué punto el tiempo lima asperezas dentro de una empresa que tuvo que enfrentarse, hasta en dos ocasiones, a una crisis creativa que casi se lleva todo por delante. La primera fue la que dio forma a la propia criatura, como tantas veces se ha contado, hasta convertirse en una especie de relato colectivo del que hay que cuestionar cuánto hay de cierto y cuánto corresponde a la leyenda posterior. La segunda tragedia fue aún más acuciante, pues les pilló desprevenidos en un momento dorado para la franquicia, pero que propició, tras un varapalo comercial en su adaptación al cine –junto a otros factores–, la unión de Squaresoft con Enix. Sakaguchi, ahora, desde su casa de verano en Hawái, está a otros menesteres. Sigue produciendo juegos en las oficinas de Mistwalker, pero ha aprendido a aceptar cuáles son sus guerras y aquellas en las que no debe intervenir.

Su relación con *Final Fantasy* –y, en último término, con la propia Square– ha sido tan irregular como toda relación de familia. Sabe que es el hijo del que más orgulloso está, aunque a veces meta la pata o tome decisiones que lo separan de lo que habría deseado para su futuro. Debe asumir que sencillamente está creciendo, con todo lo que eso implica. Pero al llegar la noche sigue estando en su memoria por mucha distancia que se interponga y levanta el teléfono para saber cómo se encuentra o si está comiendo bien. Detrás hay una base de jugadores tan fieles como implacables que no perdonan el más mínimo tropiezo. Ahí interviene el debate entre innovación y tradición, entre el aire de cambios y el lugar al que regresar. A veces, avanzar significa recorrer caminos ignotos, aunque la incertidumbre sea tu única brújula; y de eso saben bastante los equipos que trabajan en cada nueva entrega.

LA ETERNA PREGUNTA: ¿QUÉ ES *FINAL FANTASY*?

Lo cierto es que la búsqueda de nuevos horizontes creativos no es algo reciente. Forma parte de su historia que cada iteración persiga un giro de tuerca a una fórmula que, por lo demás, resulta bastante conocida. Tras el cambio de timón a medio desarrollo con *Final Fantasy XII*, son muchas las voces que han intervenido en la gestación de los títulos. Pero de todos ellos, el universo de la *Fabula Nova Crystallis* fue el que más quebraderos de cabeza supuso. El mundo de *Final Fantasy XIII* iba a estar compuesto originalmente no sólo por el ya citado, sino que junto a *Versus XIII* y *Agito XIII* supondrían un tríptico necesario para entender una mitología compartida. Todos ellos sufrieron graves retrasos, dificultades técnicas por un motor técnico desarrollado expresamente para la ocasión –con todos los inconvenientes que conllevaba– y, en definitiva, cambios en la gestión de proyectos –que trajo consecuencias importantes–. La más sonada fue la transformación de *Versus XIII* en *Final Fantasy XV*, y *Agito XIII*, previsto inicialmente para móviles, en *Final Fantasy Type-0*, además de un movimiento de sillas que derivó en el cambio de batuta de Tetsuya Nomura en favor de Hajime Tabata para dirigir la decimoquinta entrega.

Hay que detenerse en este último caso, pues a la larga ha sido paradigmático de muchos males que ahora trata de revertir la compañía. Cuando se anunció *FFXV*, lo hizo con una pesada losa a sus espaldas. Era difícil sacar adelante una obra que nacía de las cenizas de un juego cancelado y en mitad de una profunda reestructuración, por lo que Tabata tuvo que liderar un equipo poco cohesionado, sin química alguna y que impedía una eficiente dinámica de trabajo. El resultado hoy es más que conocido. La aventura de Noctis supuso una mirada a los mundos abiertos que producciones occidentales llevaban abrazando desde hace más de una década, pero sin la capacidad para unir los engranajes de una historia deslavazada que ni su contenido transmedia –compuesto por una película, serie de animación, contenido descargable e incluso una novela– fue capaz de salvar.

En el verano anterior al lanzamiento, Hajime Tabata acudió a Colonia, en el marco de la Gamescom, para ofrecer una charla en la que compartir los últimos avances con los asistentes. Quizás por el contexto distendido, la imagen que la mayoría recuerda de aquella intervención está más relacionada con el vaso de cerveza que se estaba bebiendo –del tamaño de su cabeza– que con las palabras que pronunció. Sin embargo, el meme que rápidamente se propagó en redes sociales como la pólvora sirvió para transmitir la sensación de que el futuro de *Final Fantasy* estaba en buenas manos; y, sobre todo, que no hacía falta tomarse todo tan en serio. Durante la larga gira promocional llegarían otras retransmisiones más formales y enfocadas desde la comunicación empresarial a tender puentes entre los fans veteranos y el

público que se acercaba por primera vez a la saga. Sakaguchi hablaba acerca de su relación de amistad con Tabata, hasta el punto de que intercambiaban impresiones sobre muchas decisiones relacionadas con su criatura.

Cuando le preguntaron al veterano productor qué opinaba del nuevo juego, no dudó en alabar la valentía de tomar las riendas de aquel caballo indómito, así como el viraje hacia un combate con elementos de acción en una época en la que era recurrente la discusión en torno a los comandos por turnos para los puristas del género. "*Final Fantasy XV* fue muy ambicioso desde su inicio y tuvo muchos desafíos en el desarrollo. Creo que él hizo un gran trabajo al reunir todas las piezas, pues desde el banquillo no se aprecia que no fue una hazaña sencilla", reflexionaba Sakaguchi en una entrevista concedida a *DualShockers*. Si algo tenía claro, es que el futuro de Hajime Tabata estaba asegurado, como llegaba a augurar en otro instante de esa misma conversación. Sin embargo, no debieron pensar lo mismo en Square Enix cuando decidieron romper, dos años más tarde y con una hoja de ruta con episodios descargables a medio estrenar, toda relación con el que fuera el director del proyecto. La salida, anunciada de mutuo acuerdo como suele corresponder en los entornos laborales japoneses, estuvo rodeada de cierta incredulidad y un interrogante mayúsculo: ¿y ahora qué? ¿Cuál debería ser el siguiente paso?

A la pregunta sobre la identidad de *Final Fantasy* sólo cabe una respuesta posible. La saga no son los cristales mágicos, tampoco los chocobos, moguris o los combates por turnos. Lo único que prevalece es la voluntad de cambio en una de las series de videojuegos más prolíficas del medio interactivo. Ninguna otra ha hecho de la experimentación su mayor fortaleza. A veces para bien, a veces para mal, pero no ha cejado nunca en el intento. "Cuando me uní por primera vez a *Final Fantasy XIV* y asumí el cargo, Yoshinori Kitase me dijo '*Final Fantasy* es lo que los creadores en ese momento piensan que debería ser *Final Fantasy*, y eso lo que debes hacer al crear este juego'. Realmente me lo tomé en serio", relataba el director Naoki Yoshida al portal *Gematsu*. De alguna manera, es como si la franquicia fuera un espacio en el que canalizar los talentos de las distintas personas que participan en su gestación. Ese fue, de hecho, el espíritu que prevaleció durante el desarrollo de entregas tan recordadas como *Final Fantasy VI* o *FFVII*, en la que artistas incipientes como Tetsuya Nomura pudieron contribuir con sus aportaciones.

Las palabras de Yoshida no sólo son pertinentes, sino particularmente relevantes al estar detrás de ese milagro llamado *Final Fantasy XIV: A Realm Reborn*. El MMORPG de Square

Enix tuvo un comienzo errático que supuso un fracaso de cifras astronómicas en su lanzamiento. La sangría de jugadores amenazaba con llevarse por delante multitud de puestos de trabajo. El diseñador japonés, que venía de trabajar en otro MMO como *Dragon Quest X*, decidió comenzar desde cero y tirar abajo todos los cimientos con el ánimo de rediseñarlo por completo, una de las decisiones más valientes que se recuerdan y que ha terminado consolidando su leyenda con el tiempo. El documental de la productora Noclip recoge el clima de incertidumbre de aquellos días hasta su renacer. Hoy nadie duda de que se trata de un referente entre los juegos en línea, uno que goza de una segunda vida que no parece agotarse con el estreno de nuevas expansiones. De él observamos que su amor por los videojuegos le viene desde bien pequeño: primero como admirador de los trabajos de Hudson Soft, pero después como trabajador en la compañía de sus sueños. Allí participó en sagas como *Bomberman* y *Tengai Makyō*, pero pronto se dio cuenta de que sus jefes parecían no entender hacia dónde se dirigía la industria. Para los directivos de Hudson, el ocio electrónico se orientaba a los niños pequeños, algo que Yoshida no compartía y uno de los motivos que provocarían su marcha de la empresa.

Cuando echa la vista atrás, aún recuerda sus inicios con mucha emotividad, la misma que demuestra en cada evento con fans o en las entrevistas donde habla acerca de su trabajo. Ese entusiasmo es el que le ha permitido enfrentarse a molinos de viento y salir victorioso de los retos más complejos en una carrera repleta de éxitos que llevan su firma. Cuando se trata de *Final Fantasy* y le piden que mande un consejo a los creadores del futuro que le relevarán del cargo, su contestación retrata a la perfección su propia filosofía de trabajo: "Les aconsejo que hagan lo que ellos crean que deban hacer porque eso es lo que estamos haciendo, creando el mejor *Final Fantasy* que podemos crear". Por tanto, el ADN hay que buscarlo en la maleabilidad de una saga dispuesta a dar lo mejor de sí misma cuando consiguen darse las condiciones idóneas. Por encima de su estilo artístico, el tono narrativo o las mecánicas jugables existe una actitud, un conjunto de valores que se impone sobre el resto de variables. De hecho, sin la hibridación de géneros e influencias de lo más diversas jamás habría llegado hasta nuestros días. Ya en sus orígenes miraba sin complejos a *Wizardry* y *Dragon Quest* como inspiraciones evidentes, y su incursión inicial al MMO con *FFXI* bebe del clásico *Everquest*. Hay infinitos ejemplos en los que la admiración a una obra fue clave para consolidar una nueva; y no hay nada de negativo en el proceso.

La suma de todos esos ingredientes salvó precisamente a la compañía en el pasado, ¿así que por qué no escuchar las de-

mandas de los jugadores antes de empezar la producción de *Final Fantasy XVI*? Square Enix sabía que sin Naoki Yoshida no habría podido rescatar *FFXIV*, y sus directivos pensaron que, si obró el milagro una vez, seguramente sería capaz de repetir la hazaña. Atrás quedaban los días de pelearse con un motor gráfico que se creaba sobre la marcha del propio desarrollo del juego o las ambiciones desmedidas que acabarían lastrando el resultado. Era el momento de reunirse en torno a la mesa de trabajo y hacer una lluvia de ideas. El futuro de *Final Fantasy* estaba por decidirse.

ASÍ SE CREÓ *FINAL FANTASY XVI*

Para entender la manera en la que Square Enix aborda cada uno de sus lanzamientos es preciso antes adentrarse en su estructura organizativa, la cual ha sufrido severas modificaciones en los últimos años. En la actualidad, sus empleados se distribuyen en cinco divisiones que se ocupan de las diferentes ramas de la compañía. Debido a las exigencias y necesidades de cada proyecto, los encargados del estudio entendieron que lo más conveniente era agrupar a los equipos en función de las características de los juegos que estaban desarrollando. De esa forma, el denominado Creative Business Unit I está dirigido por Yoshinori Kitase y se centra en la mayoría de títulos de un jugador relacionados con *Final Fantasy* y algunos spin-offs, así como la saga *Mana* y *Kingdom Hearts*. Sobre ellos recaen producciones como *Kingdom Hearts IV* o la continuación de *FFVII Rebirth*, sin ir más lejos. La serie *Dragon Quest* y *Nier*, además de propuestas como *Octopath Traveler* y *Bravely Default*, con sus sucesivas secuelas, corresponde al Creative Business Unit II, mientras que la vertiente multijugador de la empresa, con *Final Fantasy XIV* a la cabeza, es tarea del Creative Business Unit III, cuyo máximo responsable es Naoki Yoshida. Por último, de lo relativo a otros títulos menores enfocados al mercado móvil o misceláneas se ocupan los departamentos del Creative Business Unit IV y V.

Como podemos comprobar, no son pocas las líneas de actuación sobre las que trabajan al mismo tiempo. Antes de comenzar la producción de cualquier propuesta, la primera tarea es dibujar las líneas maestras y asignarle uno de los grupos citados. La mayoría son fáciles de intuir con sólo observar la envergadura o el nombre que arrastran. A nadie extraña que las grandes propiedades intelectuales se aglutinen en las divisiones principales, como una consecuencia lógica de reunir a veteranos con sobrada experiencia puesta al servicio de cada nuevo juego. Sin embargo, que el proceso de gestación de *Final Fantasy XVI* se le asignara al Creative Business Unit III supone un punto de inflexión en la línea principal de la saga. Sería el equipo de Yoshida, con una trayectoria avalada en el campo de los MMORPG, el encargado de dirigir una entrega numerada con la enorme responsabilidad que implica, tal vez como manifestación de los vientos de cambio que perseguían.

Por supuesto, en una serie con varias décadas de historia, ya había antecedentes en los que se pueden identificar escarceos con el género. Pensamos lógicamente en *FFXI*, pero también *FFXII* incorporaba elementos en su diseño de escenarios y combates muy rupturistas con la tradición. Pero si en Square confiaron en el equipo de Yoshida es probable que no fuera tanto por querer impregnar a la nueva entrega de ese componente social o dinámico que ya habían comprobado que podía ser un modelo de éxito, sino de asegurarse una fiabilidad en un proyecto con el que se jugaban mucho dinero y, sobre todo, reputación y prestigio tras varios tropiezos recientes a sus espaldas. Entre los pesos pesados del desarrollo no sólo estaba Naoki Yoshida como productor, también Hiroshi Takai (conocido por su trabajo en la saga *Mana* y *The Last Remnant*) ejerciendo de director; Kazutoyo Maehiro, como director creativo y guionista; Hiroshi Minagawa encargado del apartado artístico; Kazuya Takahashi, del diseño de personajes; Masayoshi Soken contribuyendo con brillantes melodías a la banda sonora, y Ryota Suzuki (*Dragon's Dogma*, *Devil May Cry 5*) dotando de vida al sistema de combate. Un plantel estelar que tenía el objetivo de llevar a la saga más importante de la empresa a un nuevo nivel.

Las primeras fases conceptuales comenzaron en 2015, justo cuando Yoshida se encontraba terminando la producción de la expansión *Heavensward* para *FFXIV*. Yosuke Matsuda, entonces presidente de la compañía, se puso en contacto con él para sugerirle la propuesta de encabezar el equipo. La decisión, además de sensata considerando su buen hacer, era también una cuestión logística si tenemos en cuenta que el Creative Business Unit I estaba inmerso en *Final Fantasy VII Remake*. Un proyecto a tal escala no podía recaer sólo

en Yoshida, quien necesitaba equilibrar sus funciones entre el MMO y la entrega que tenían entre manos. Por esa razón adoptó el rol de productor y reunió a un pequeño grupo de talentos con diferentes puntos de vista. La planificación se demoró hasta que se le dio luz verde finalmente en 2016, cuando en el horizonte se empezaba a intuir lo que sería *Stormblood*, la segunda expansión de *FFXIV*. Esa coordinación entre dos títulos tan distintos facilitó que se crearan vasos comunicantes en los que algunos empleados colaboraron indistintamente. También fue necesario el apoyo adicional de miembros procedentes del desarrollo de *Kingdom Hearts* y personal de Platinum Games encabezado por Takahisa Taura.

A la hora de plantear el diseño del mundo y el argumento, lo primero que hicieron fue examinar las críticas que había recibido *Final Fantasy XV*. Es así como comprobaron que la mayoría de opiniones coincidían en las flaquezas de la historia, además de presentar escenarios abiertos que no dejaban de ser grandes extensiones de terreno con apenas interés. Si querían convencer a esa parte del público que acabó decepcionada con el viaje de Noctis, era preciso corregir todo lo que falló entonces. El director Hiroshi Takai se interesó en integrar mecánicas de combate que fueran sencillas de utilizar a la par que efectistas en pantalla. Del mismo modo, la libertad de movimiento, que había ocupado tanta importancia en el título anterior, se sustituyó por una narrativa lineal, madura y enfocada en la fantasía oscura con el propósito de explorar temas complejos. Para ello se evitaron lugares comunes del género como los tropos del anime y el manga o ciertos guiños habituales a los jugadores adolescentes. "Yoshida quería que el juego no fuera ni para niños ni para adultos, sino algo que llegara a todas las generaciones", explica a *Game Watch*. Un pensamiento que conecta con sus días en Hudson, cuando ya descubrió que no era necesario segmentar a la audiencia cuando estás creando una obra artística. Con todos esos mimbres, el equipo consideró crear una versión para PlayStation 4, pero fue descartada en los

"Ninguna otra saga ha hecho de la experimentación su mayor fortaleza"

21

primeros compases del desarrollo para centrarse en lo que terminaría siendo un título exclusivo de PlayStation 5.

La pandemia por la COVID-19 afectó a la comunicación con las diferentes empresas subcontratadas y los plazos estipulados se retrasaron medio año. Sin embargo, queda como una simple anécdota en la gestión de un proyecto de tal magnitud. Considerando los precedentes del estudio, el desarrollo cumplió de manera eficiente con los tiempos esperables y en abril de 2022 ya se encontraba en las últimas fases. Visto con perspectiva, el camino hasta el estreno de *Final Fantasy XVI* no se parece en nada a cualquier otro de Square Enix. Ni en fondo ni forma, como comprobamos si profundizamos en las raíces que motivaron el cruce de inspiraciones tan originales como novedosas que lograron confluir.

DE *JUEGO DE TRONOS* A *JOHN WICK*

Lo cierto es que cuando uno piensa en la saga, la primera imagen que se le viene a la cabeza es la del clásico mago negro de sombrero picudo, guerreros con grandes espadas, pícaros socarrones e invocadores que salvan el mundo. En las entrevistas con la prensa, sus responsables siempre se refirieron a *FFXVI* como una ambientación de "alta fantasía", en contraposición con la influencia de la tecnología que aparece en muchas de las entregas más aclamadas. Pero sabemos que la fantasía, por lo general, alude a un imaginario colectivo que cuenta con sus propios referentes y que depende sustancialmente de la cultura que conecta a sus habitantes. Japón, Irlanda, Estados Unidos o Francia, por ejemplo, poseen relatos e historias distintas que conforman una mitología singular. Durante los momentos previos al desarrollo, el Creative Business Unit III se esforzó por realizar un trabajo de campo que le permitiera rastrear cuáles eran en la actualidad las obras de fantasía más populares en todo el mundo. *FFXVI* nació con el firme propósito de querer gustar a una audiencia global y aplicó todas las fórmulas necesarias para la consecución de su objetivo.

"Para la parte visual nos inspiramos en cosas de nuestra juventud en la cultura japonesa porque está arraigado en nuestros genes el amor por ese entretenimiento. Mientras juegas, especialmente en las batallas con los eikon, verás pequeños guiños al entretenimiento que nos influyó como *Kamen Rider*, *Ultraman*, *Evangelion*, *Ataque a los titanes*, *Gundam*, *Godzilla* y más", menciona Yoshida en *Anime News Network*. Todas las obras citadas se entretejen como retales que unidos identificamos con mayor o menor nitidez en el juego. Es probable que la influencia del anime se trasladase efectivamente al imponente aspecto de los eikon, el nombre

que reciben las clásicas invocaciones de la serie y que aquí adquieren una escala descomunal que apabulla al jugador. La manera en la que nos enfrentamos a ellos tiene mucho en común con el género "kaiju" tan característico de Japón en lo que a monstruos gigantes se refiere. Y pese a la mirada a la cultura pop que habían consumido desde pequeños, la búsqueda incansable de nuevos anclajes los llevó a asideros que resuenan poderosamente al otro lado del océano.

El denominador común que conectaba al público de diferentes edades al ser preguntados por obras de ficción que les apasionase era *Juego de tronos*. Cuando aún se encontraban planificando los cimientos del título, tan sólo se había emitido hasta la cuarta temporada, por lo que el productor japonés se dirigió a una tienda a comprar en Blu-ray el pack con todos los episodios disponibles para facilitarle una copia a cada empleado. Quería replicar las sensaciones que la producción de HBO causaba en los espectadores mezclando escenas de expectación, gran implicación emocional y un vínculo profundo con los personajes. Sabían que si lograban capturar el tono de la serie, estarían en la dirección correcta. Por supuesto, *Final Fantasy XVI* recorre su propio camino en lo que respecta a los temas que explora o los elementos fantásticos que incorpora, pero en todo momento hay reminiscencias a las traiciones políticas y el tratamiento maduro de las tramas que nos mantuvieron enganchados a la pantalla.

Además, querían romper barreras y no generar divisiones entre los jugadores. La fantasía es el motor que rige el universo de la franquicia, pero debían convencer a quienes no se sintieran en un inicio atraídos por tal etiqueta. Así lo explicaba Yoshida en la misma entrevista: "*Juego de Tronos* era una serie que gozaba de una audiencia mundial que tal vez no siempre disfrutaba de las series de fantasía, pero al apegarse a la realidad con el mundo y los personajes, así como con el lenguaje moderno utilizado [...], sentimos que coincidía con lo que queríamos perseguir con *FFXVI*, especialmente al hacer que la alta fantasía fuera accesible para un público general presentándola de la manera más realista posible que la haga reconocible para las personas de hoy".

En las mecánicas jugables también hubo espacio para plantear un sinfín de propuestas, de las que luego se realizaría una criba con los elementos que terminaron permeando en el título. Ryota Suzuki, encargado del combate, había trabajado en *Devil May Cry V* y se le brindó plena libertad para diseñar un estilo de batalla en tiempo real, aunque con una única condición: que pudiera ser disfrutado con independencia del nivel de habilidad de la persona a los mandos. Muchos fans de los RPGs no tenían apenas contacto con obras más centradas en la acción, así que era preciso darles las herramientas adecuadas para evitar caer en la frustración. La solución fue la incorporación de determinados objetos que, una vez equipados, permiten esquivar automáticamente, realizar ciertas combinaciones con mayor facilidad o recuperar puntos de salud. El propio Yoshida confesaba sentirse humillado en aquellos juegos que antes de empezar la partida te muestran un selector de dificultad. Él evitaba siempre el modo fácil, pero en cuanto se encontraba con un rival poderoso que lo derrotaba, aparecía un rótulo para recordarle si quería bajar el nivel. A su juicio, era una decisión de diseño que atentaba contra el orgullo del jugador. Por esa razón, prefirió aportar estos objetos que no condicionan necesariamente la dificultad y permiten moldear la curva de aprendizaje según cada situación.

Llama la atención que en una ronda rápida de preguntas para el medio *WellPlayed*, los miembros principales del Creative Business Unit III mencionaron las obras que más les habían inspirado durante el desarrollo, algunas realmente curiosas e insospechadas. Cuando le llegó el turno a Suzuki, este citó dos películas que todo amante de la acción reconocerá: *John Wick* y *Blade*. No son las únicas alusiones al cine. Yoshida se refirió a *El caballero oscuro* en cuanto a la forma en la que se representa la relación entre Batman (la luz) y el Joker (la oscuridad), de forma que uno no puede existir sin el otro. De hecho, es una de las claves narrativas que trató de replicar en *FFXVI* mediante el tormento que atenaza a Clive en el arco de redención que experimenta como personaje.

Además, existe una conexión interesante con otro juego exclusivo de PlayStation. Ya desde las primeras sesiones con los periodistas antes del lanzamiento, muchos comprobaron que la estructura de misiones se diferenciaba de manera notable de cualquier otra iteración previa de la saga. El mundo abierto de *FFXV* es sustituido por una base de operaciones en la que encontramos a los personajes claves que nos ayudarán vendiéndonos armas, mejorando nuestro inventario o accediendo a un tablón de misiones. Se trata de un instante de calma antes de coger fuerzas para emprender el siguiente objetivo, una solución a nivel de ritmo narrativo que el director Hiroshi Takai abrazó de las últimas entregas de *God of War*. "No puedo decir que *God of War* no me haya influenciado. Puede que no lo sepas, pero he estado jugando desde el primero en PlayStation 2. En Japón no salió hasta un año después del lanzamiento americano, pero no podía esperar, así que importé la versión americana para poder jugarla. Eso es lo mucho que me gusta *God of War*, por lo que decir que no hay influencia de esa serie en mí y en este juego sería una mentira", cuenta en *Gamespot*. Las obras citadas son pequeños puntos en un mapa repleto de referencias conscientes, pero también muchas que se cuelan subrepticia-

mente por el propio bagaje de sus autores. Así lo reconocía él mismo: "Consumo tanto otros medios que probablemente habrá muchas cosas que me hayan influido".

Desde esos ecos de las narrativas de antaño hasta conceptos extraídos de obras contemporáneas del cine y la televisión, cada decisión se llevó a cabo con el firme propósito de elevar el listón de la serie. Rescatando las palabras de Yoshida, *Final Fantasy* será lo que sus creadores decidan en cada época, siempre y cuando se trate de dar lo mejor de ellos mismos. A través de la síntesis de influencias de lo más diversas, el equipo de desarrollo de *Final Fantasy XVI* creó un universo con autonomía que se rige por sus propios códigos y creencias, lo que contribuye a la inmersión en la trama. Valisthea es mucho más de lo que vemos a simple vista. Algo intuimos cuando tras cada capítulo se nos presenta mediante una NPC una pequeña porción de historia relativa a los distintos continentes y sus pueblos, aunque siempre queda la duda de dónde se sitúan los límites de ese mundo en guerra que recorremos por puntos dispuestos en el mapa. Sus desiertos, bosques, cuevas e imponentes castillos son sólo escenarios de un decorado que nunca llegamos a conocer a fondo, pero del que intuimos algunas de sus claves.

Con independencia de las preferencias personales de cada uno, no cabe duda de que Square Enix ha hecho de su saga estrella una obra que puede pecar de muchas cosas, pero no precisamente de ser conformista. Al final, todo converge en una historia que pone el foco en la relación de dos hermanos, Clive y Joshua, como engranajes de la descarnada lucha por el poder entre diferentes territorios. Mencionaba la importancia de la maleabilidad de una franquicia que ha sobrevivido a continuas crisis gracias a la capacidad de tomar el pulso a las necesidades de un público hambriento de buenas historias, y es que *FFXVI* es otra muestra de la ambición con la que la empresa afronta cada título, la misma de quien un día alcanzó la cumbre del género y ahora debe hacerse un hueco entre los que parecen haberse olvidado de su leyenda. Así es *Final Fantasy*, un universo de posibilidades en el que la fantasía se escribe en mayúsculas.

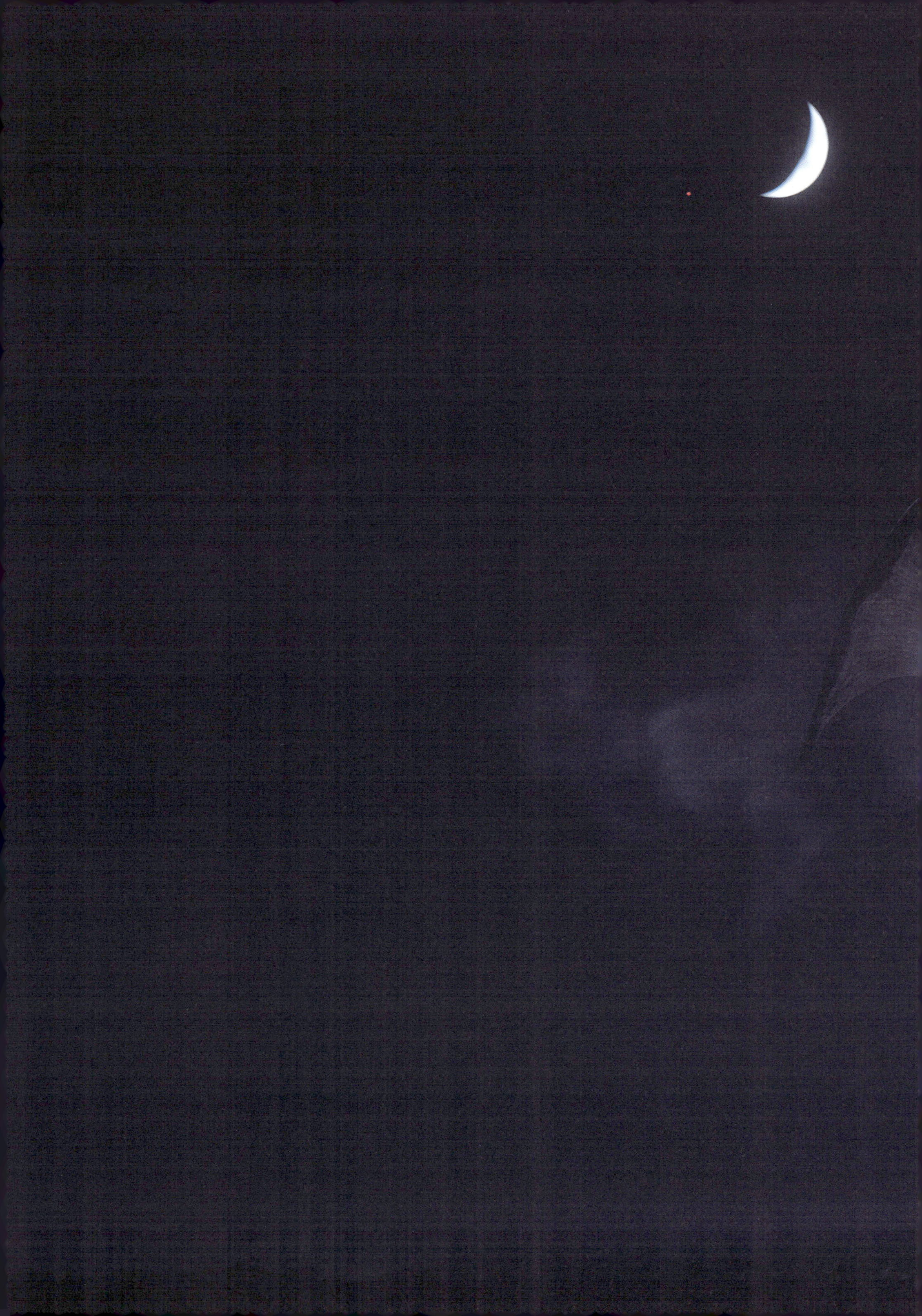

PINTURA AMARILLA

Más allá de la polémica, el uso de la pintura amarilla y otras marcas referenciales son una cuestión vital a la hora de emprender un desarrollo, donde entra en liza la no tan sencilla tarea de meterse en la mente de la persona que está a los mandos.

Texto **José Luis Ortega** | Ilustración **Santa Monica Studio**

El color amarillo siempre se ha caracterizado por sus connotaciones negativas. Despreciado por los supersticiosos, habitualmente se le ha considerado como el adalid de la mala suerte, aunque hay quienes osan portarlo para desafiar a cualquier adversidad. Dicho color también está relacionado con lo antiguo, con lo que a duras penas permanece. Amarillento es el tono en el que se torna el papel cuando envejece tras incontables años en el cajón, pero con el que prevalece, a su vez, con estoicismo. Amarillo es también el color que ha suscitado una nueva polémica –o más acertado sería decir recurrente polémica– en el sector de los videojuegos; y que, probablemente, también seguirá vigente en un futuro lejano, cuando en las páginas de esta publicación florezca ese tono tan característico propio del paso del tiempo.

La realidad es que todo este asunto del color o la pintura amarilla viene de tiempo atrás, ya que responde a una cuestión de necesidad por parte de los diseñadores a la hora de facilitar la experiencia a los jugadores. Al fin y al cabo, de eso se trata. De que el usuario que compra un producto disfrute de la experiencia. Paradójicamente, los creativos se han ido enfrentando a un mayor número de adversidades y retos a medida que las posibilidades del sector se han incrementado, y los videojuegos han abrazado con más fuerza el realismo a la hora de concebir sus obras. Lejos de que esto facilitara las cosas, en muchos casos, ha entorpecido la navegación y la orientación de los jugadores, lo que ha acarreado en decisiones que pueden resultar molestas, como el hecho de tener que guiarnos con llamativas marcas de color amarillo.

Para comenzar a entender todo este dilema, lo primero que tenemos que hacer es ponernos en el pellejo del estudio de desarrollo, ese que analiza durante meses cuál es la mejor forma de hacer progresar al jugador. De dirigirle bajo unas riendas invisibles hacia el próximo destino, sin que por el camino se pierda el factor libertad, tan valorado por un alto espectro del mercado. Si bien es un elemento a tener muy en cuenta, no es menos importante valorar que un estudio tiene dos objetivos al lanzar un producto al mercado: vender muchas copias –evidentemente– y que el jugador en cuestión complete la aventura; o, al menos, pase el mayor tiempo posible.

Uno de los puntos clave al desarrollar un videojuego es el proceso de playtesting, donde varias personas, externas al proyecto, lo prueban bajo la atenta mirada de los desarrolladores y diseñadores, quienes observan el comportamiento para ver si los jugadores actúan como ellos han previsto. Es un punto crítico del desarrollo y que ayuda a comprobar de primera mano cuál puede ser la reacción del público ante un puzle, ante tratar de avanzar en un escenario amplio o con cierta verticalidad, etc. La respuesta suele ser –desgraciadamente para los creativos– que los testers se pierden, toman otras direcciones o incluso soluciones que ni se habían planteado en el equipo; lo que obliga a reconsiderar el diseño –en muchos casos– y a realizar numerosos cambios de cara a la versión final.

Sobre la importancia de este punto y el tiempo que se le dedica nos hablan dos profesionales del diseño de niveles. Por un lado, Carla Sevillano, diseñadora de niveles: "Depende de la complejidad del nivel. En un nivel más lineal, el tiempo dedicado puede ser relativamente menor en comparación con otros niveles más abiertos, ya que la navegación del jugador se vuelve más compleja al tener más opciones. Además, a medida que el nivel se prueba con más personas, podemos ir identificando áreas donde la comprensión del nivel se hace más difícil y es algo que se va calibrando y puliendo". También analiza este punto Alejo Silos, diseñador de niveles en Tequila Works (*Rime, Song of Nunu*). "Muchísimo, probablemente de lo que más. No hay experiencia más frustrante que la de dar vueltas como pollo sin cabeza sin saber qué tienes que hacer ni adónde tienes que ir. En los juegos AAA es especialmente importante, por eso también tantas veces los personajes de los juegos te dan la solución en cuanto llegas a un puzle. Poca gente se acaba los juegos, como para que encima se queden atascados", afirma Silos, quien también ahonda en la importancia del testeo. "Construyes el nivel, lo pruebas, ves que la gente no entiende nada e iteras. Así hasta que se te acaba el tiempo. Poner unos cuantos cubos por el nivel es muy fácil; hacer que sean divertidos, ya no tanto. Además, evitar que los jugadores se frustren porque no entienden qué les quieres decir o adónde tienen que ir, más aún. Las pintadas amarillas parece que son las únicas, pero al final es un bombardeo de estímulos sutiles con la esperanza de que alguna funcione y hacer que vayan en una dirección correcta".

Por tanto, parece evidente que el mayor quebradero de cabeza para los diseñadores de niveles es que el usuario sepa por dónde hay que ir para no llegar a la conclusión de apagar la consola y no volver a arrancar ese juego nunca más. Hay diversas formas de indicar a quien está a los mandos el camino para poder seguir avanzando en la historia. En ocasiones, depende del contexto de la propia aventura. En los juegos de la saga *Prince of Persia*, con su salto a las tres dimensiones, son habituales los barridos al escenario con la cámara para dar un adelanto de las trampas que toca evitar por el camino y el lugar donde podremos proseguir hasta otra sala de similares características. En otras propuestas de mundo abierto, el recorrido es más abstracto, ya que lo que se quiere transmitir es esa sensación de libertad para perdernos e ir donde queramos: *Elden Ring* o la secuencia introductoria de *The Legend of Zelda: Breath of the Wild* son ejemplos perfectos.

En general, en la mayoría de aventuras resulta algo más complicado trazar estas líneas, especialmente por el realismo al que cada vez más se acerca la mayoría de videojuegos. Por este motivo, se suele recurrir a añadir referencias o marcas de color amarillo que, si bien pueden chocar con la estética de la propuesta en sí, acaban siendo un añadido casi forzoso para los equipos desarrolladores, ya que en las pruebas de testeo comprueban que, efectivamente, la gente suele perderse sin ayudas. Por eso, hay varias metodologías, más allá de marcarnos el camino con un color llamativo. "Hay muchas formas. Las más evidentes son esos elementos que contrastan, pero se suelen utilizar muchos enfoques redundantes para asegurarnos de que el jugador va por donde queremos. La iluminación, pequeños 'look-ats' de cámara, cabezas de personaje que se activan sólo una vez tras escalar un obstáculo, objetos o criaturas en movimiento, landmarks en el horizonte que nos orientan, NPCs que se adelantan para que les sigas, o que se programa para que miren en una dirección concreta. Nunca se utiliza sólo una", asegura Silos.

Aunque en redes sociales se ha generado bastante crispación con la aparición de los indicativos de color amarillo, viralizándose especialmente con los lanzamientos de *Resident Evil 4 Remake* o de *Final Fantasy 7 Rebirth*, la realidad es que es algo muy habitual en el sector debido a los motivos expuestos. Hay muchos ejemplos, como *Uncharted* o *Star Wars: Jedi*, que suelen sacar partido de este tipo de referen-

cias visuales para indicarnos por dónde podemos escalar para alcanzar una sección determinada. En muchas aventuras encaja bastante con el contexto, como en la saga *Deus Ex*, donde el protagonista tiene unos implantes biónicos que, de alguna forma, justifican que todos los objetos interactuables resalten con bordes de color amarillo, lo que despierta la curiosidad del jugador a la hora de explorar bien una zona en busca de objetos (si bien es cierto que las aventuras originales de la conocida franquicia de immersive-sim no utilizaban este recurso, y que, simplemente, aparecía un texto descriptivo al acercarnos al objeto en cuestión). Los dilemas, una vez más, de plasmar el máximo realismo para sacar rédito de las bondades tecnológicas actuales. Como indica Alejo Silos, este recurso también se usa para "intentar minimizar marcadores de quest y otras técnicas basadas en la interfaz de usuario, pero a veces, incluso con las dos cosas juntas, los jugadores se pierden igualmente por el nivel".

Otras veces son recursos muy inteligentes para favorecer la navegación en el escenario, sin detenernos a mirar menús o sin tener que escudriñar demasiado cuál es el camino a seguir, y son una parte elemental a la hora de diseñar un nivel. "En juegos más inmersivos, donde la estética es fundamental para sumergir al jugador en un mundo coherente, seguramente se busque minimizar el uso de estas marcas. Pero, por otro lado, en juegos donde la claridad y la orientación del jugador son una prioridad, estas marcas pueden ser necesarias para asegurar que los jugadores puedan navegar fácilmente y entender los objetivos del juego", dice Carla.

Aunque en esta ocasión la guía es roja –y no amarilla–, es inevitable hacer mención a la inteligente decisión tomada con *Mirror's Edge*, una aventura que, de por sí, utiliza una paleta de colores saturada y brillante, y que destaca en el uso del rojo para remarcar la orientación de la protagonista. Utilizándolo para que obviemos todo lo demás y nos centremos en las marcas rojas, ya en el mismo tutorial aprendemos cómo se marcan los caminos a seguir, las pasarelas que cruzar o los edificios por los que saltar, evitando así romper el vertiginoso ritmo de la propuesta. Algo similar, pero extrapolado a una propuesta de corte abierto, la vemos en *Ghost of Tsushima*, donde podemos prescindir de mapas e indicativos en pantalla simplemente deslizando el dedo por el panel táctil del mando para que sea el viento el que nos indique la dirección a tomar, en una medida, de nuevo, muy inteligente que encaja a la perfección con el misticismo y la sobriedad del producto. Por último, y aunque no suele ser lo habitual, estas marcas visuales de color llamativo suelen añadirse para aportar a la narrativa de una obra. Eso ocurre en *God of War*, donde, tras todo el juego recorriendo vastos parajes siguiendo esas marcas y pinturas de color amarillo, descubrimos que las había pintado Faye, esposa de Kratos y madre de Atreus, para guiarlos en el camino en caso de que lo necesitasen.

Puede parecer evidente, pero ¿por qué se opta por el color amarillo? "Es una cuestión de contrastes. El entorno se suele diseñar con tonos poco saturados, para luego utilizar un contraste más vivo e intenso para guiar el ojo de cada jugador y que les llame la atención. El amarillo y el blanco se ha acabado convirtiendo casi en un estándar por ser los colores que más fácilmente contrastan", afirma Alejo Silos. "Creo que el color amarillo se utiliza en videojuegos por su universalidad", indica Carla Sevillano. "Por un lado, en el contexto de los videojuegos, los jugadores están familiarizados con la convicción de que el color amarillo indica elementos con los que pueden interactuar o sobre los que deben prestar atención. Además, en la vida real estamos condicionados a prestar atención a señales amarillas que suelen advertirnos o alertarnos sobre algo importante. Por lo tanto, el uso del amarillo para este tipo de situaciones puede aprovechar esta asociación intuitiva y facilitar la comprensión y respuesta del jugador, evitando tener que enseñarles desde cero a los jugadores un nuevo código visual".

Realmente, aunque se haya generado esta suspicacia con todo lo relacionado con la pintura amarilla, lo cierto es que todo este tipo de artimañas visuales, para atraer la atención de los jugadores, se extrapolan mucho más allá de los caminos que debemos seguir para llegar a los créditos en un videojuego. Por ejemplo, para encontrar objetos que nos sirvan para mejorar las características y, a la postre, las opciones de nuestros personajes para salir victoriosos de sus misiones. Aunque nunca se ha generado discusión al respecto –al menos no de forma tan ruidosa–, es habitual que los objetos interactuables brillen –en algunos casos mucho–, para, una vez más, llamar nuestra atención y acercarnos a ellos para evitar dejarlos atrás. "Cuanto más abierto, más realista o con ruido visual sea el juego, más necesarias serán este tipo de técnicas para que la gente pueda diferenciar qué es gameplay y qué es decorado", asegura Alejo Silos. En muchos casos, especialmente en los juegos de From Software, los objetos brillantes del escenario se usan como reclamo para animarnos a explorar. Ver ese haz brillante nos hace pensar que hay una recompensa en esa zona; y tal vez sin esa referencia pensemos que es inaccesible, lo que insta a encontrar el camino para ver qué es eso que brilla. Todo esto con el romanticismo propio de la propuesta de Hidetaka Miyazaki, que convierte en imperceptible en la distancia lo que allí aguarda, y que

bien puede ser un arma práctica y útil, o una trampa en la que hemos caído presa de nuestra propia ambición para acabar emboscados por un nutrido grupo de enemigos.

Por tanto, para concluir, parece evidente que los videojuegos necesitan este tipo de soluciones para resultar divertidos, que es la principal función de un medio de entretenimiento, y alejar la posible frustración al quedarse atascado en una sección en la que no sabemos dónde ir. Sorprende la polémica porque los videojuegos y su diseño siempre tienen este tipo de indicativos con el que guiar al usuario. Hasta el icónico "detrás de ti, imbécil", del mencionado *Resident Evil 4*, es un indicativo de un peligro que está fuera de nuestro campo de visión. Los profesionales del sector, como Alejo o Carla, se sorprenden de todo esto suscitado con la pintura amarilla, ya que es algo que se lleva usando de forma indiscriminada desde hace más de veinte años. "Entiendo que haya jugadores a los que no les guste que les pongan estos elementos tan explícitos, ya que les gustaría tener la posibilidad de explorar y averiguar por ellos mismos; al final cada jugador tiene sus preferencias a la hora de jugar a un juego y expectativas distintas cuando entran a un juego nuevo. Es importante considerar estas opiniones para poder satisfacer necesidades de distintos tipos de jugadores y tener claro el tipo de experiencia que se quiere proporcionar", apunta Carla.

Eso sí, puestos a ver cosas extrañas, cerramos con esta reflexión de Alejo Silos en la que, probablemente, no se haya caído: "Lo más increíble es que nadie se sorprenda del tamaño de las puertas en los videojuegos, especialmente en los que son en tercera persona. ¿Es que nadie se sorprende de que la puerta de un salón mida tres o cuatro metros de altura? En teoría, debería sacarte más aún de la inmersión. Son de esas cosas que una vez lo ves, no paras de verlo por todas partes, como la pintura amarilla".

¿POR QUÉ ME MAREO CUANDO JUEGO?

La cinetosis en los videojuegos desde la perspectiva de las profesionales del desarrollo en España.

Texto **Deborah López Rivas** | Ilustración **Out of the Blue Games**

En 2019, pude ponerle nombre a un malestar que sufría como jugadora desde hacía un tiempo: cinetosis. Fue gracias al artículo *Cinetosis (o cómo hacer un análisis justo de Observation)*, de Marta Trivi para *AnaitGames*. Hasta entonces, además de la impotencia de no poder jugar a la mayoría de propuestas en primera persona, me sentía sola –e invisible–. Cuando no sabes qué te ocurre ni nadie habla del tema, se estimula un aislamiento. Sin una etiqueta que visibilice, ni nadie que exprese esa existencia, en tu mente eres una "rara avis" que no tiene respuestas ni remedios para lo que te ocurre. Así que sufres en soledad. De ahí que el artículo de Trivi resultara un alivio y un punto de partida desde el que investigar, pero a la vez fue el detonante que me abrió la mente a otros tipos de accesibilidad, más allá de los tradicionalmente englobados en el término.

Para quien no sepa qué es la cinetosis, también llamada motion sickness, es el mareo provocado generalmente por el movimiento debido a un desacuerdo entre lo percibido de manera visual, el movimiento que nota nuestro oído interno y el procesamiento de nuestro cerebro. La cinetosis suele ser un problema común para muchas personas cuando viajan (autobús, avión, tren, coche, barco, etc.), atracciones lúdicas (montaña rusa) y hasta cuando juegan a videojuegos (en especial, en primera persona y VR). En los videojuegos, el malestar aparece cuando los movimientos rápidos, constantes y bruscos de la cámara o el personaje provocan mareo, náuseas, vértigo, dolores de cabeza y sudoración, entre otros. Hay estudios que indican que su aparición es más propensa en niños hasta los doce años, embarazadas, personas que toman ciertos medicamentos, padecen migrañas, tienen afecciones en el oído y quienes tienen sensibilidad previa al mareo y a las náuseas.

Aun así, la realidad es que la cinetosis puede afectar a cualquier jugadora de cualquier edad, incluso a quienes no les ha afectado antes en otras circunstancias. Se estima que entre el 40 % y el 70 % de los usuarios de realidad virtual experimentan mareos por movimiento después de tan sólo quince minutos (Stoffregen, 2019). Poniéndome de ejemplo, durante la infancia empecé a sufrir mareos al viajar –todavía sigo sin poder leer ni jugar en esas circunstancias–, pero la cinetosis en videojuegos no apareció hasta alrededor de los veinte años. Antes, las partidas a *Doom* o *Quake* eran habituales. A partir de ese momento, lo que empezó con unas leves molestias tolerables, pudiendo incluso jugar algunas horas, ha acabado por llevarme a estar en reposo con sólo cinco minutos de partida o haber visto el tráiler de un videojuego en primera persona. Si bien, como norma general, el mareo por movimiento es más habitual en títulos en primera persona y en VR –en parte por su mayor inmersión–, este puede aparecer, en realidad, en cualquier tipo de propuesta y plataforma.

Gracias al buen hacer y a la concienciación de muchos estudios y desarrolladores respecto a la cinetosis, en los últimos años han aparecido cada vez más propuestas que en su creación tienen en cuenta a los jugadores que sufren este malestar, bien añadiendo opciones de configuración personalizables, bien aplicando pautas de diseño efectivas dentro del videojuego. Para indagar en cuáles son, de qué forma se aplican y cómo se comprueba su efectividad, entrevisté a Tatiana Delgado, cofundadora de Out of The Blue Games (*Call of the Sea* y *American Arcadia*), Carlos Coronado, desarrollador independiente (saga *Horror Tales*, *Beggar* y *The Wine*, *Evil Nun: The Broken Mask*, *Koral*, etc.) y Rebeca Muñoz, productora de Calathea Game Studio (*Inner Ashes*).

DESARROLLAR PARA EVITAR LA CINETOSIS

"En nuestros juegos *Call of the Sea* y *American Arcadia*, lo que hicimos fue quitar todos los efectos que tenía la cámara en primera persona para dejarla lo más simple posible", explica Delgado. "El motion blur, el head bobbing y el muelle a la hora de moverse hacían que la gente más propensa a la cinetosis no lo pudiera disfrutar". Otro de los parámetros clave es el FOV, distinto entre PC y consola debido a la distancia del jugador respecto a la pantalla. "Jugar con un FOV alto en consola puede marear. En nuestro caso, utilizamos como valor por defecto un noventa en PC, y setenta y cinco en consola. Además, damos también la posibilidad de ajustarlo desde el menú de opciones", incide la cofundadora de Out of the Blue Games.

Para entender qué significa cada opción, el motion blur es el desenfoque de movimiento, un efecto visual que nuestro cerebro asocia con el movimiento rápido. En caso de no haberlo, este puede resultar incoherente y provocar cinetosis. Lo mismo sucede con el head bobbing, conocido como movimiento de cabeza. Con este se pretende emular la oscilación natural al caminar, pero en el entorno de los videojuegos, lo que puede generar una disonancia. El FOV (field of view) es el campo de visión que indica lo amplio que puedes ver la escena en un videojuego. Cuanto más difiere de lo que el cerebro espera ver, mayor probabilidad de marearnos.

Desde Calathea Game Studio coinciden con Tatiana Delgado en lo de ir con cuidado con el FOV. "Limitar el campo de visión y los objetos que aparecen en él no sólo ayuda al rendimiento, sino que ayuda, además, a centrarse en aquello más cercano", responde Muñoz. Así mismo, en *Inner Ashes* se añadió un puntero que permite saber dónde estás mirando en tu papel de personaje principal; y proporciona contexto, al mismo tiempo. Por último, la productora señala la sensibilidad de cámara ajustable como otra opción apreciada por la gente con cinetosis: "El movimiento de giro es el que más mareos proporciona, y por ello decidimos permitir a la persona jugadora adaptarla a sus necesidades".

Carlos Coronado, desarrollador independiente, concuerda con Delgado y Muñoz: "Reducir el movimiento de la cámara al moverse a cero, desactivar todos los screen shake –como, por ejemplo, cuando te hacen daño– y, por último, sliders de sensibilidad al rotar la cámara". Es decir, vigilar el motion blur, el movimiento de la cámara y la sensibilidad, pero el desarrollador independiente añade otro aspecto: "Poder desactivar el desenfoque de movimiento es clave también". Respecto a si estas opciones pueden ser elegidas o configurables, Coronado aclara que se pueden activar y desactivar en el menú, pero hay "settings implícitos que vienen en el juego sin que te des cuenta", como la tasa de imágenes por segundo. "A más estables los frames, menos se percibe el mareo".

El equipo de Out of the Blue Games también deja en manos de los jugadores esas configuraciones: "Nos gusta presentar estas opciones en el momento en el que el jugador da a 'Nueva partida'. Creemos que es muy importante que, antes de empezar a jugar, se ajusten estas opciones, porque puede arruinar la experiencia de juego", dice Delgado. En *American Arcadia*, el estudio las englobó en una misma opción, aunque "luego cada una de las opciones están accesibles en todo momento desde el menú para que se puedan configurar con todo detalle".

Calathea Game Studio, por su parte, integró en la jugabilidad el puntero: "Lo convertimos en parte de las mecánicas del juego. Nuestro puntero pasa de ser un puntito a ser una mano cuando apuntas a un objeto que puedes coger". En cambio, la velocidad del giro de cámara "no es algo que costara mucho y nos aportó mucho valor". "Es algo que mejora la experiencia de juego para todas, sobre todo en nuestro caso, que pretendíamos llegar con el juego a personas que quizá no jueguen a menudo (...) En general, fue algo que tuvimos claro desde el principio", respondía Muñoz. El FOV, en cambio, sí está fijo, porque "por coste y tiempo de desarrollo no pudimos dejarlo a decisión de la jugadora: lo ajustamos para asegurar el rendimiento".

Hablando de costes, Carlos Coronado dice que "hacer todo lo comentado anteriormente tiene coste cero si se planea desde el principio de un desarrollo". "Si se implementa durante o, sobre todo, al final, sí que puede ser más tedioso y, por tanto, tener más coste económico", matiza. Si pensamos en los recursos humanos y económicos más limitados de los estudios independientes nacionales, esto puede ser un escollo, como en el caso de Calathea Game Studio. "Hicimos lo básico con los recursos que teníamos, y estoy segura de que si hubiéramos tenido el tiempo y presupuesto para investigar más, habríamos aprendido otras técnicas y diseños interesantes", admite Rebeca Muñoz. En cambio, en el caso de los responsables de *Call of the Sea*, "desactivar elementos embellecedores de la cámara era muy sencillo", con lo que no le resultó perjudicial para los medios con los que contaba el equipo.

¿Y qué pasa con la VR, otra de las tecnologías en las que la cinetosis aparece más? Out of the Blue Games lanzó la versión en realidad virtual de *Call of the Sea*, su debut, y para adaptarlo a ese sistema desarrollaron algunos ajustes que requirieron de mucho tiempo y recursos. "Tuvimos mucho cuidado en diseñar un sistema de locomoción mediante teleportación totalmente paralelo para los jugadores que sufrieran de cinetosis, como en las submarinas y en las de movimiento automático (barcas y corrientes submarinas). Recurrimos también al viñeteado como soporte extra para ayudar al jugador", expone Delgado. También "es fundamental que el framerate del juego sea alto y lo más estable posible". "En el caso de detectar picos de carga en el que cae el framerate es preferible pasar a un fundido en negro", puntualiza.

TESTEAR Y APRENDER

Entre la gran variedad de propuestas del medio, el avance de los gráficos en la industria, la diversidad de jugadores y las pocas investigaciones concluyentes –por nombrar sólo algunas razones–, la cinetosis en los videojuegos requiere que los equipos usen una metodología de ensayo y error adaptada a su videojuego. Por esa razón, Tatiana Delgado tiene claro que la opinión de las jugadoras es vital para mejorar los títulos en los que Out of The Blue Games trabaja: "En las primeras sesiones de playtesting de *Call of the Sea*, ya detectamos que había elementos de nuestra cámara de juego que hacían que algunas personas se marearan. A partir de ahí, todo el feedback de la comunidad y los jugadores ha sido valiosísimo y nos ha ayudado a mejorar". No obstante, reconoce que sería positivo tener un punto de encuentro para que jugadoras con cinetosis y equipos puedan expresar sus necesidades y feedback. "El feedback constructivo es lo más valioso para un desarrollador", concluye Delgado.

"Hasta que no enseñamos el juego en ferias y nos encontramos con personas que se mareaban jugando, no le dimos la importancia que tiene", manifiesta Rebeca Muñoz, acerca del público que probó *Inner Ashes*, el primer videojuego de Calathea Game Studio, antes de su lanzamiento. "Para las personas desarrolladoras creo que es muy importante dar a probar el juego a personas con cinetosis (...) Fue a raíz de ello que decidimos incluir algunas cosas básicas que creo que todos los videojuegos deberían tener". Delgado y Muñoz concuerdan en que si bien puede que las medidas que aplican no funcionen para todo el mundo, la intención es que se mejore todo lo posible para evitar la cinetosis. La productora de Calathea Game Studio, además, añade que introducirlas "al menos ayudan y no perjudican a nadie"

UNA CUESTIÓN DE ACCESIBILIDAD

Un vistazo rápido a la guía de accesibilidad de la Asociación Española de Videojuegos (AEVI) nos señala una grave cuestión: sólo figura una medida para mitigar los mareos (reducción de temblores de cámara). Carlos Coronado, desarrollador de *The Horror Tales: The Beggar*, reconoce que "no sabía ni del término" cinetosis hasta que le entrevisté. Sin embargo, agrega que desde sus inicios en la industria le ha interesado mucho la accesibilidad, y que "es de sentido común que muchos usuarios sufren de esto". Como desarrollador, opina que ahora mismo es básico incluir opciones para la cinetosis no sólo para las jugadoras que la padecen, sino para usuarios más competitivos que las usan: "Veo imprescindible

entender que es un problema, y que gran parte se puede mitigar simplemente con un buen diseño". Además, Coronado declara algo evidente para él, y es que "cuanto más accesible es un juego, a más potenciales jugadores puedes llegar"; y esto te beneficia como desarrollador o equipo.

Pero si algunas de esas opciones no son tan costosas ni difíciles de implementar y aportan cierto provecho, ¿por qué no está más extendido su uso? "Yo creo que se debe al desconocimiento. En VR creo que es algo más aceptado porque afecta a muchos más jugadores, pero en pantalla plana creo que no es un problema al que se le haya dado suficiente voz", reflexiona Tatiana Delgado. A su vez, Rebeca Muñoz razona que "quizá pasa como con otras medidas de accesibilidad: hasta hace unos años no nos planteábamos ninguna de ellas, porque quizás la comunidad de personas jugadoras era reducida. Ahora, cada vez más nos damos cuenta de que todas las personas queremos jugar; a cada una nos gustarán tipos de juegos distintos, pero no queremos que nuestras condiciones nos limiten a la hora de elegir".

Por su parte, Coronado responde en qué debemos fijarnos si queremos comprar un título que creemos que podría estimular nuestra cinetosis: "En orden de importancia, ver si el juego va a funcionar a sesenta frames por segundo, si se puede desactivar el desenfoque de movimiento y si se puede desactivar el head blop, los screen shake y los slider de fov". Es decir, vigilar si el videojuego tiene opciones que reduzcan las posibles contradicciones que nuestro cerebro pueda captar y asimilar, ya sea por la amplitud de la escena, los bamboleos de cámara o el desenfoque en situaciones estáticas. Igualmente, otras cuestiones serían unos frames por segundo demasiado altos o inestables (generando una malinterpretación por parte de nuestro cerebro), y una mala optimización del videojuego (ocasionando que clicar responda más tarde en el videojuego, confundiéndonos).

No obstante, Rebeca Muñoz arroja luz sobre la responsabilidad de la comunidad del desarrollo y el papel de las grandes desarrolladoras, quienes tienen más recursos. "Deberían dar ejemplo y ser las primeras en incluir tantas medidas de accesibilidad (...) para que las pequeñas desarrolladoras indies las tomemos como referencia, y vayamos incluyendo estas medidas en base a nuestras posibilidades". Una tendencia que ha aumentado en los últimos años, pero todavía no es de uso general, y menos aún en lo que respecta a la cinetosis. Páginas webs como *Access Ability*, *Diverso Gamer* o *Can I Play That?* hacen las veces de bases de datos acerca de la accesibilidad; y de vez en cuando abordan la cinetosis como parte de la misma.

En el artículo *Accessibility Accommodations Sometimes Support "Non-Disabled"*, de Laura Dale (Access Ability, 2024), la autora explica el concepto de discapacidad temporal y/o situacional. En el contexto de los debates sobre accesibilidad, esta se refiere a cualquier cosa que afecta de manera temporal o inconsistente en la capacidad de la persona para interactuar con el mundo. Por ejemplo, alguien que se rompe un brazo y sufre una otitis (con la consecuente pérdida de audición y mareo temporales), utilizar el micrófono del teléfono en un ambiente ruidoso o la falta de un botón de pausa cuando cuidamos de alguien (situacional). Estos impedimentos tienen lugar en un tiempo o contexto acotado, como la cinetosis.

"Si bien es válido tener en mente un usuario objetivo al desarrollar la función, también es importante pensar en quién más podría beneficiarse de la función; a menudo, esa lista incluirá personas que tradicionalmente no consideraría discapacitadas, pero que sí lo están, puesto que están afectadas externamente por discapacidades situacionales mientras intenta jugar", concluye la autora.

Cuando leía a Dale a pocas horas de cerrar este texto, pensaba en las declaraciones de Tatiana Delgado, Carlos Coronado y Rebeca Muñoz, grandes profesionales del medio que han trabajado para adaptar sus propuestas a los jugadores/as que padecen cinetosis. Pero suscribiendo las palabras de Dale, con esas opciones también han logrado un beneficio para toda la comunidad presente y futura.

Naoki Yoshida

Texto **Nacho Requena Molina** | Fotografía **Square Enix**

"En su época, me enganché tanto a Street Fighter III: 3rd Strike que hasta pensé en dejar la empresa"

Hay rostros que se hacen muy populares de un día para otro, de esos que uno se pregunta dónde ha estado esa persona antes. Uno de estos casos fue el de Naoki Yoshida (Japón, 1973), a quien su papel en el renacimiento de *Final Fantasy XIV* lo aupó hasta lo más alto, a pesar de llevar en la industria desde inicios de la década de los noventa.

Desde ese momento, "el hombre milagro" ganó adeptos no sólo entre los seguidores del juego, sino también dentro de la propia Square Enix. El renacer de la producción online, pilar indiscutible a nivel económico de la empresa nipona, le valió a "Yoshi-P", apodo por el que se le conoce, para que le dejaran comandar el proyecto soñado: *Final Fantasy XVI*.

Ávido jugador de videojuegos de lucha –y muy bueno, según cuentan las lenguas–, Yoshida dedica un preciado tiempo a *Revista Manual* justo después del lanzamiento de la decimosexta parte numerada. Hay mucho que contar por parte del productor de la obra.

¿Cómo es el día a día de Yoshida? ¿Cómo es la rutina del productor de *Final Fantasy*?

Suelo levantarme entre las ocho y media y nueve y media para llegar a mi puesto en Square Enix sobre las once pasadas. Entonces, me dedico a asistir a reuniones sobre distintos aspectos del juego, además de comprobar los cambios que se han implementado en la última versión hasta las nueve de la noche –más o menos–. Después, respondo a los correos que tengo pendientes y, a eso de las once, empiezo a jugar a *Final Fantasy XIV*. Salgo de la empresa a la una de la madrugada y, al llegar a casa, juego a otros juegos, leo algún libro o veo algo hasta las cuatro, que es cuando suelo irme a dormir. En invierno, los fines de semana también voy a hacer snowboard (risas).

¿Qué le diría el Yoshida del pasado al actual después de ver todo lo que ha logrado?

Es una pregunta difícil... Yo creo que diría: "¡Anda! Sigues viviendo una vida sin muchos sobresaltos. ¡Enhorabuena!" (Risas).

¿Siempre le han gustado los videojuegos? En caso de no haber entrado en la industria, ¿en qué le habría gustado trabajar?

Ya decía que quería ser programador de videojuegos a los doce años, así que no hay ningún otro sector en el que quiera trabajar. Si hablamos de otro trabajo dentro de la industria, no estaría mal probar algo relacionado con las ventas o trabajar en una tienda de videojuegos... No se me ocurre mucho más.

He leído en entrevistas que dos de sus videojuegos favoritos de niño fueron *Super Mario Bros.* y *Dragon Quest III*. ¿Has podido hablar con Shigeru Miyamoto? ¿Y qué tal con Yuji Horii?

Por desgracia, aún no he tenido la oportunidad de hablar largo y tendido con Miyamoto, pero me encantaría poderlo hacer algún día.

Tras entrar en Square Enix, participé en *Dragon Quest: Monster Battle Road* y *Dragon Quest X*, así que, como he trabajado con él, con Horii he hablado muchas veces.

Regresando a la documentación, leí que le gustan los videojuegos de lucha, incluso que se le daban bastante bien y con experiencia en torneos. ¿Cómo ha influido en su carrera ese primer contacto con los deportes electrónicos? ¿Alguna vez pensó en dedicarse profesionalmente a los juegos de lucha?

En aquellos tiempos, las consolas de sobremesa aún no habían conseguido ofrecer la misma experiencia de lucha que uno sentía jugando a las máquinas arcade, así que pagábamos cincuenta o cien yenes y nos enfrentábamos en combates bastante exigentes. Allí hacíamos amigos, intercambiábamos información, analizábamos las debilidades del oponente... Teníamos una rivalidad sana y nos lo pasábamos muy bien. Los juegos de lucha me enseñaron el verdadero valor de estar dentro de una comunidad. Por cierto, en su época, me enganché tanto a *Street Fighter III: 3rd Strike* que hasta pensé en dejar la empresa (risas).

¿Cuál es su juego de lucha favorito? ¿Y qué personaje le gusta más?

Especialmente, me gustan las sagas *Street Fighter* y *The King of Fighters*. De hecho, participé en bastantes torneos de *The King of Fighters '95*, *'97* y *'98*. Respecto a los personajes, el que más me gusta de *Street Fighter* es Ryu, y de *The King of Fighters*, Iori Yagami.

¿Qué tipo de juegos suele jugar en sus ratos libres? ¿Títulos de lucha también?

Suelo jugar todo aquello que se pone de moda. Ahora mismo, tengo muchas ganas de empezar *Street Fighter 6*, pero entre la salida de *Final Fantasy XVI* y la preparación del Fan Festival de *Final Fantasy XIV*, todavía no he tenido tiempo. ¡En agosto pienso echarle más horas que un reloj!

"Si tuviera el presupuesto, me gustaría desarrollar un Final Fantasy XVI por turnos y con gráficos pixelados en 2D"

Hablemos de Square Enix. ¿Qué recuerda del día que entró a trabajar en la compañía?

Recuerdo estar bastante nervioso porque no sabía si mis dotes de diseñador de videojuegos iban a funcionar en Square Enix. Sin embargo, lo primero que hice al llegar a la empresa no fue nada relacionado con eso, sino hacer amigos (risas).

Ha trabajado en *Dragon Quest X*, ¿cuál diría que fue la mayor lección que aprendió de ese desarrollo?

En *Dragon Quest X*, Yuji Horii me enseñó que, antes de ver si el juego es divertido o no, lo más importante es comprobar si el jugador comprende el concepto del juego y su sistema. Es decir, si es fácil de entender, intuitivo. Es una lección que sigo teniendo muy presente a día de hoy.

¿Cómo se ha sentido el equipo después de volver a un juego single player tras el éxito de un multijugador como *Final Fantasy XIV*?

Que nos dejasen hacernos cargo de la nueva entrega de una saga con tanta historia fue todo un honor, tanto por lo que representa para nuestro trabajo como por la confianza depositada. Que fuera para un jugador o no era lo de menos.

Sobre *FFXIV*, ¿cuál cree que fue la clave del éxito de *A Realm Reborn*?

Creo que fue el hecho de mantener las promesas que hicimos, hablar con los jugadores e ir creando un vínculo con ellos poco a poco. A día de hoy, esta relación sigue siendo un tesoro para mí.

Aquí entra la importancia de la comunidad. ¿Cómo de vital fue la participación de los fans? ¿Cómo se puede recuperar la confianza de los jugadores?

Lo importante es ser sincero, no mentir, y tener siempre presente que los jugadores, los fans, son tus compañeros. Aunque parezca algo obvio, es gracias a ellos que podemos seguir desarrollando el juego, y hay una gran diferencia entre ser consciente de ello o darlo por sentado.

¿Cómo ha influido tu experiencia en *Final Fantasy XIV* y el trato con el fan para *Final Fantasy XVI*?

No hago distinción alguna entre los fans de diferentes títulos. A fin de cuentas, todos son nuestros clientes, personas unidas por su pasión por los videojuegos, así que mi manera de tratar a los fans, sean quienes sean, no cambia ni va a cambiar.

Y tanto hablar de la saga, ¿cuál es su favorito?

Me gustan especialmente *Final Fantasy I*, el *III* y el *VII*, que siguen siendo una gran influencia para mí. ¡Sobra decir que también me encantan el *XIV* y el *XVI*! (Risas).

¿Y cuál cree que ha influido más en la creación de *Final Fantasy XVI*?

En mi caso, *Final Fantasy I* y *Final Fantasy III*, pero para Hiroshi Takai, director del juego, ha sido *Final Fantasy V*. Sin embargo, al trabajar con una saga que goza de tantos buenos aspectos, hemos querido aprovechar todos los que hemos podido y, en líneas generales, hemos sacado algo de inspiración de todos los títulos anteriores.

El sistema de combate, con Ryota Suzuki al frente, es muy bueno. ¿Qué videojuegos han servido como referencia?

La respuesta depende de a qué aspecto del sistema de combate nos referimos en concreto. No son juegos, pero nos hemos visto muy influenciados por obras del género tokusatsu japonés, tales como *Kamen Rider*, *Ultraman* o *Godzilla*, así como varios mangas y animes. Si hablamos de la estructura general del combate, *God of War* ha sido una gran inspiración.

¿Y para las mecánicas RPG?

En este caso, no hemos tomado referencias de otros juegos. *Final Fantasy XVI* está especialmente diseñado para que el jugador pueda vivir su historia, así que introducimos los elementos RPG de manera que no arruinaran la experiencia ni el ritmo de la trama.

"La saga Final Fantasy se caracteriza por que cada nueva entrega goza del diseño que su director considera mejor para el juego"

¿Cree que el paso a un sistema de combate en tiempo real es el camino a seguir por parte de la saga *Final Fantasy*?

La saga *Final Fantasy* se caracteriza por que cada nueva entrega goza del diseño que su director considera mejor para el juego. Que el próximo título numerado siga la misma tendencia o no depende por completo del director que se encargue de él. En pocas palabras: a estas alturas, no hay una respuesta para esa pregunta (risas).

Incidiendo sobre esto, ¿cree que el sistema de combate por turnos todavía tiene hueco en los juegos actuales o el estándar ya es el de acción en tiempo real?

Hemos crecido con juegos por turnos y nos encantan, pero cuando decidimos apelar a un público más amplio, llegamos a la conclusión de que la historia y los personajes no encajaban con un sistema de combate por turnos. Eso no quiere decir que nos vayamos a limitar siempre a la acción, pues obras como *Final Fantasy VII Remake* han demostrado que el sistema por turnos puede renovarse y adaptarse a los tiempos actuales. De hecho, si tuviera el presupuesto, me gustaría desarrollar un *Final Fantasy XVI* por turnos y con gráficos pixelados en 2D.

¿Cuál ha sido el aspecto más difícil en el desarrollo de *Final Fantasy XVI*?

Tenía claro que quería condensar una buena historia en la que hay que salvar el mundo en un único juego, ofrecer una experiencia completa, pero la calidad de los gráficos y la densidad de objetos se estaban comiendo gran parte del presupuesto. Ajustar ese aspecto fue de lo más difícil.

¿Qué piensa su familia sobre tener a un padre tan increíble?

Me apuesto cien guiles a que mi familia no piensa nada de eso (risas).

Última pregunta: ¿juego favorito de todos los tiempos?

Tactics Ogre de SNES.

EL JUEGO, LA LEYENDA, EL MITO

The Legend of Zelda: Majora's Mask fue un videojuego único no sólo para la época, sino también para los estándares actuales. Un análisis del tiempo.

Texto **Miguel Olmedo Morell** | Ilustración **Nintendo**

"Amanecer del primer día. Quedan 72 horas". Ese es el mensaje inicial con el que se encuentra el jugador cuando completa el prólogo del juego y sale de la Torre del Reloj a la Ciudad Reloj. Tan sólo tiene tres días para completar las aventuras que se encuentre, ya que la luna está cayendo poco a poco sobre el mundo. Sin embargo, este límite de tiempo es demasiado exigente. Es por esto que al jugador se le ofrece la opción de "resetear" el juego tocando la canción del tiempo en cualquier momento. Al hacerlo, cualquier objeto de importancia que hubiera recibido (tales como máscaras o canciones) se mantendrá, mientras que los objetos numéricos descenderán a cero (tales como las rupias, las flechas o las bombas). Así, el jugador puede comenzar de nuevo tantas veces como quiera en su misión para detener la luna y salvar el mundo.

Pero esta no es la única innovación que el juego presentó en su momento. Lo que realmente destaca es que toda la gente que se encuentra el jugador en sus viajes tiene un horario muy específico (al que se puede acceder a través de un objeto llamado "Cuaderno de los Bomber", adquirido al comienzo del juego). No se comportan como la mayoría de los personajes no jugables en otros videojuegos; al contrario, dónde están, lo que hacen y lo que dicen depende de cuándo se los encuentra el jugador. Esto hace que la aldea principal del juego, la Ciudad Reloj, cobre vida, ya que todos estos personajes tienen sus propios problemas, hacen lo que tienen que hacer, e incluso interactúan los unos con los otros como si fueran reales. Por eso se podría decir que este juego se juega a sí mismo: incluso si el jugador decide pasar los tres días no haciendo nada (por ejemplo, quedándose quieto en la entrada de la Ciudad Reloj), el tiempo aún pasaría, cada personaje haría lo que tiene que hacer durante ese tiempo, la historia continuaría sin intervención humana y, en la noche del tercer día, la luna caería, por lo que la trama llegaría a su fin.

UN TERRIBLE DESTINO, ¿VERDAD?

Esta mecánica es lo que diferencia *Majora's Mask* de otros videojuegos: dependen del jugador, es decir, ciertos sucesos no ocurrirán hasta que el jugador vaya a cierto sitio o hable con cierta persona. Si decide no hacer nada, el juego se "congelará", todo el mundo se quedará en el mismo sitio para siempre, y no ocurrirá nada en absoluto. En otras palabras, estos juegos sólo pueden completarse y llegar a su conclusión (incluso aunque esta sea una pantalla de "Game Over") si el jugador interactúa con el juego. Estos son "juegos dependientes del jugador".

Mi argumento es que este juego fue tan innovador, y aún es uno de los favoritos entre los fans, porque es "independiente del jugador": sin importar lo que uno haga, los personajes no jugables seguirán viviendo sus vidas. Por ejemplo, si uno decide no detener en la noche del primer día al ladrón que roba la bolsa de bombas a la ancianita de la tienda de bombas, este hurto ocurrirá y ese objeto no estará disponible en la tienda al día siguiente. No obstante, este suceso ocurrirá independientemente de que el jugador esté ahí para presenciarlo o no. Las consecuencias de este suceso en la historia del juego se pueden descubrir al visitar la tienda de bombas el día después. Allí, la anciana nos contará cómo fue asaltada la noche anterior.

El tipo de juego más similar a esto serían los simuladores al estilo de la franquicia *Animal Crossing*, donde los habitantes de nuestros pueblos, ciudades o islas llevan sus vidas independientemente de que participemos en ellas o no (o incluso de que encendamos la consola). Sin embargo, se trata de un género totalmente diferente, ya que los simuladores normalmente no tienen condiciones de victoria ("pasarse el juego"), sino que nos ponen frente a un mundo que podemos influir creativamente de forma potencialmente ilimitada. Sin embargo, *Majora's Mask* sí tiene una condición de victoria: detener la luna y derrotar al Mago de Majora.

Pero incluso aunque el jugador decida interactuar con los personajes no jugables y afectar sus actos, nunca podrá interactuar con todos ellos en un solo ciclo de tres días. No se trata siquiera de una cuestión de tiempo, sino de conflicto. Por ejemplo, en la noche del tercer día, el jugador puede elegir darle el objeto "carta a mamá" al cartero de la ciudad para que lo entregue. Si lo hace, tendrá un encuentro con

Madame Aroma, quien le ordenará abandonar la ciudad y buscar refugio (que es lo que él quería), y como recompensa te dará el objeto "gorra del cartero". Por otra parte, el jugador puede elegir entregar la carta directamente a Madame Aroma. Al hacerlo, recibirá una botella, uno de los objetos más valiosos del juego, pero dejará al cartero en su oficina, llorando mientras espera a que la luna caiga sobre la ciudad.

Estas dos opciones están en conflicto y no se pueden resolver a la vez en un solo ciclo; el jugador se verá obligado a jugar este segmento dos veces (volviendo atrás en el tiempo) para obtener los dos objetos. A nivel narrativo, lo que haga tiene un gran impacto en la historia y el desarrollo de los personajes: dar el correo directamente a Madame Aroma hará que el cartero se quede atrapado por las cadenas del deber que jamás se ha permitido romper, mientras que dejarle que cumpla con esta última tarea lo liberará y lo enviará en un camino catártico para superar su adicción al trabajo y su obsesión con la rutina. De esta manera, las elecciones que el jugador tome dependiendo de los horarios de los distintos personajes afectará a la trama y tendrá resultados diferentes. Esto significa que la historia del juego siempre será diferente en cada ciclo de tres días; es decir, cada vez que el jugador viaje atrás en el tiempo y vuelva al amanecer del primer día.

LA LEYENDA

No obstante, uno no debe pensar que la trama comienza completamente de cero cada vez que el jugador vuelve atrás en el tiempo. Los objetos numéricos o de menor importancia desaparecen y el horario de los personajes no jugable vuelve a empezar desde el principio, pero este juego tiene una condición de victoria, como ya hemos comentado. Para avanzar la trama, el jugador debe obtener objetos clave, ya que son los únicos que le permiten acceder a nuevas áreas, donde será capaz de presenciar nuevos segmentos de la historia. Un dato curioso es que es posible acceder a la última mazmorra del juego (la Torre del Reloj) desde el comienzo del juego, pero

es necesario recolectar cuatro máscaras (que se consiguen derrotando a los jefes que se encuentran en los templos de los cuatro puntos cardinales) para poder acceder a la batalla contra el jefe final, la máscara de Majora. La adquisición de estos objetos, por su parte, permitirá al jugador interactuar de formas nuevas con los ciudadanos de la Ciudad Reloj para así avanzar sus historias particulares.

Esta forma de progresar muestra una narrativa tradicional, con un argumento que se corresponde con el canon de Aristóteles: la historia tiene un comienzo, un desarrollo y un desenlace, y todos los sucesos que contiene están interrelacionados entre ellos de forma consistente. El juego se podría interpretar, entonces, como una narrativa tradicional. Para comprobar si este es el caso, echemos un vistazo a las condiciones que expone Marie Laure-Ryan, en *The Cambridge Companion to Narrative*, para que una secuencia de eventos constituya una narrativa.

Primero, la narración debe tratar sobre un mundo poblado por seres individuales; segundo, este mundo debe estar situado en una época determinada y sufrir cambios significativos; tercero, los cambios deben producirse por eventos físicos no habituales; cuarto, algunos de los participantes en los sucesos deben ser agentes inteligentes que tengan una vida mental y reaccionen emocionalmente a los estados del mundo; quinto, algunos de los sucesos deben ser acciones con propósito llevadas a cabo por estos agentes; sexto, la secuencia de eventos debe formar una cadena causal unificada y llevar a un final; séptimo, la ocurrencia de al menos algunos de los sucesos debe ser establecida como hechos factuales en el mundo de la historia, y octavo, la historia debe comunicar algo con sentido a su público.

El mundo de *Majora's Mask*, Termina, está poblado por todo tipo de criaturas, e incluso el protagonista es un ser humano o Hylian, su equivalente en el mundo de Zelda (lo cual satisface la condición primera). El tiempo durante el que se desarrollan los hechos son los tres días antes de que la luna

"No debemos olvidar que la historia de Majora's Mask es, de comienzo a fin, un mito: el mito del apocalipsis"

caiga sobre Termina (segunda), lo cual es un evento físico muy poco habitual que amenaza la vida de todos los seres vivos (tercera). Muchos de los personajes en el juego tienen sus reacciones particulares acerca de cómo esto les afecta personalmente; por ejemplo, la incredulidad del gremio de carpinteros, la preocupación de los soldados de Ciudad Reloj, la cobardía del espadachín del dojo, etc., (cuarta). El hecho de que la luna vaya a caer sobre el mundo es la consecuencia de que el antagonista, Skull Kid, la fuerce a hacerlo gracias al poder de la máscara de Majora (quinta). Como se explicó antes, el juego comienza cuando Skull Kid ataca a Link en el Bosque Perdido y le roba su yegua, y acaba cuando Link detiene la luna; cada paso en su camino lo ha llevado a ese final (sexta). Todos estos eventos son hechos factuales en el mundo de la historia, y ninguno de ellos se presenta como un sueño, cuento o cualquier tipo de ilusión o engaño (séptima). Son muchos los mensajes que el público podría llevarse tras jugar a este juego, tal y como la voluntad de luchar contra todo tipo de circunstancias adversas, o la esperanza de que, incluso después del más terrible desastre, amanecerá un nuevo día (octava).

Usando la definición de Marie-Laure Ryan, hemos demostrado que *Majora's Mask* se puede considerar una narración tradicional. De hecho, creo que la definición de Northrop Frye, presentada en *Anatomy of Criticism: Four Essays*, del término "leyenda" sería perfecto para describir los elementos que nos encontramos en este tipo de juego: "Si es superior en grado a otros hombres y a su entorno, el héroe es el típico de una leyenda, cuyas acciones son maravillosas, pero que es aun así identificado como un ser humano. El héroe de la leyenda se mueve en un mundo en el que las leyes ordinarias de la naturaleza se suspenden levemente: los prodigios del valor y el aguante, contra natura para nosotros, son normales para él, y las armas encantadas, animales parlantes, ogros y brujas aterradores, y talismanes y poderes milagrosos no violan ninguna ley de la probabilidad una vez se han establecido los postulados de la leyenda".

En efecto, Link, el protagonista, es superior en grado a otros hombres, ya que ha sido elegido para ser el portador de la Trifuerza del Valor, el tesoro sagrado de las Diosas, debido a su valor inigualable. A pesar de ser humano, puede realizar todo tipo de acciones maravillosas, tales como volver atrás en el tiempo o transformarse en gente muerta poniéndose sus máscaras, y lucha contra todo tipo de monstruos colosales que jamás lo derrotan, sin importar las heridas que reciba en sus viajes. Debido a estos poderes tan inusitados, y a la naturaleza mágica de los objetos que le ayudan a lo largo de su camino (al frente de los cuales están las máscaras que dan

nombre a este juego), no es difícil ver a Link como el igual de Lancelot o Beowulf, ambos héroes de leyendas medievales. La única diferencia entre ellos es el formato elegido para contar sus historias. Siguiendo la nomenclatura de Espen Aarseth, en *Cybertext: Perspectives on Ergodic Literature*, *Majora's Mask* pertenece a la literatura ergódica, mientras que *Beowulf* o *El caballero de la carreta* se consideran literatura tradicional.

Este tipo de historia no nos es ajeno en absoluto: se trata de la clase de historia que podemos vivir en otros RPGs, como los de las sagas *Golden Sun*, *Final Fantasy* o *The Elder Scrolls*. Todos estos videojuegos suelen enmarcarse en un ambiente medieval o renacentista donde las proezas sobrehumanas, la magia, los artefactos maravillosos o las criaturas antropomorfas con inteligencia similar a la humana están a la orden del día. Es más: si el jugador eligiera jugar de esta forma (en lugar de quedarse esperando a que la luna caiga), la trama de este juego no se diferenciaría de la de entregas anteriores y posteriores de la saga *The Legend of Zelda*. Una historia sobre cómo el héroe Link vive aventuras fantásticas para derrotar a las fuerzas de la oscuridad y salvar el mundo de nuevo.

EL MITO

El paso impreciso del tiempo se ha clarificado gracias a las adquisiciones, los objetos cuya presencia o ausencia determinan qué es el pasado, presente y futuro. El comienzo sería el momento cuando Link es atacado por Skull Kid en el Bosque Perdido; el desarrollo serían todos los sucesos que ocurren a partir de entonces, cuando visita cada templo cardinal para obtener los artefactos necesarios que le permitirán enfrentarse a Majora; y el desenlace sería el momento cuando, tras derrotar al Mago de Majora, Link detiene la luna y salva al mundo. Además, el jugador puede elegir jugar sólo los sucesos principales –ignorando todas las misiones secundarias– o puede dedicar tanto tiempo a estas como desee, creando así historias diferentes (personalizadas, incluso) en cada uno de los ciclos de tres días.

La riqueza en este tipo de historia viene de que el jugador no está jugando una historia "directa" –en el sentido de que tiene que avanzar desde el comienzo hasta el fin–, sino que tiene que volver a jugar varios segmentos para obtener resultados diferentes a ciertas situaciones.

Este es un tipo de narrativa que no estamos acostumbrados a ver en los videojuegos; a menos, claro está, que seleccionemos la opción Partida Nueva + en aquellos juegos que nos permitan presenciar la misma historia desde distintos puntos de vista. Un ejemplo de ello sería *Fire Emblem: Three Houses*, un videojuego que nos permite elegir liderar una de las tres casas disponibles al principio del juego. Según la opción que tomemos, la historia, nuestros aliados y el desenlace cambiarán completamente, por lo que tendremos que completar las cuatro rutas existentes (incluyendo la secreta) para comprender completamente el universo de Fódlan. Aun así, se trata de un caso diferente, pues *Majora's Mask* no sólo nos da la posibilidad, sino que nos exige revivir el mismo período de tiempo múltiples veces dentro de la misma partida.

Pero, a pesar de todo, no nos es enteramente extraña, y los jugadores no parecieron tener problema con ella para jugar y completar *The Legend of Zelda: Majora's Mask* cuando fue lanzado al mercado. ¿Cómo puede ser si el juego era tan innovador, si la estructura era tan desconocida para los jugadores? Claude Lévi-Strauss, en *Myth and Meaning*, puede darnos una pista: "Si intentamos leer un mito como leemos una novela o un artículo de periódico, es decir, línea por línea, leyendo de izquierda a derecha, no entenderemos el mito, ya que debemos aprehender su totalidad y descubrir que el significado básico del mito no está expresado en la secuencia de los sucesos, sino (por decirlo así) por agrupaciones de sucesos, a pesar de que estos ocurren en momentos diferentes de la historia. Por tanto, debemos leer el mito más o menos como leeríamos una partitura, no pentagrama por pentagrama, sino entendiendo que debemos aprehender la página entera, comprendiendo que algo sólo adquiere sentido si se considera que es parte de lo que está escrito en el segundo pentagrama, el tercer pentagrama, y así sucesivamente. Es decir, no debemos leer sólo de izquierda a derecha, sino también verticalmente, de arriba abajo [...] Tan sólo si tratamos el mito como si fuera una partitura [...] conseguiremos extraer su auténtico significado".

No debemos olvidar que la historia de *Majora's Mask* es, de comienzo a fin, un mito: el mito del apocalipsis. Nos enfrentamos a la amenaza de la luna que está cayendo sobre la tierra desde el mismo comienzo, y que aniquilará toda la vida en el mundo de Termina al cabo de tres días. No sólo eso, sino que la mecánica del juego está cargada también de simbología mitológica: como dijo Joseph Campbell, en *Goddesses: Mysteries of the Feminine Divine*, "el motivo de la máscara indica que la persona que ves es, en realidad, dos personas. Es la persona que lleva la máscara, así como la máscara que lleva puesta; es decir, la máscara del rol".

En efecto, al ponerse una de las veinticuatro máscaras disponibles, Link puede o bien asumir un rol específico (por ejemplo, con la gorra del cartero podrá cumplir con sus tareas, con el sombrero del capitán puede hablar con los soldados no muertos de Ikana, etc.), o incluso transformarse en otra persona (por ejemplo, en el héroe Goron Darmani al ponerse la máscara Goron, el guitarrista Zora Mikau al ponerse la máscara Zora, etc.). Al usar estas máscaras y asumir todos estos roles e identidades, la personalidad de Link se diluye para transformarse en el héroe mítico, cuya identidad trasciende la de cualquier ser humano. Así es capaz de realizar hazañas que nadie más podría, tales como evitar el apocalipsis.

Para poder expresar una historia tan anclada en el mito, no bastaría con cualquier tipo de narración. Es por esto que la historia se presenta de forma fragmentada a través de tramas paralelas que no deberían entenderse de forma consecutiva, "leerse de izquierda a derecha", sino también verticalmente, para poder aprehender todos los sucesos que están ocurriendo a todos los ciudadanos de Termina.

Digo que *The Legend of Zelda: Majora's Mask* es el juego de las mil historias porque, para comprender la trama en su totalidad, para conocer a todos los personajes y todas las situaciones tan bien como sea posible, tenemos que jugar estos mismos tres días una vez tras otra, eligiendo un camino diferente en cada ciclo (pero dentro de la misma partida), mientras interpretamos todo lo que nos ocurre por el camino no de la forma narrativa tradicional, sino de una forma mitológica, conectando estas "agrupaciones de sucesos"

"Para poder expresar una historia tan anclada en el mito, no bastaría con cualquier tipo de narración"

51

THE LEGEND OF

ZELDA®

MAJORA'S MASK

que nos han ocurrido en la primera iteración con otras que ocurrieron en la tercera y la quinta, de forma que podamos comprender completamente el mito del apocalipsis al que nos enfrentamos.

En esto, *The Legend of Zelda: Majora's Mask* no se parece a ningún otro videojuego. Y es que, al contrario que en la mayoría, Link puede volver atrás en el tiempo para tomar los caminos abandonados y escuchar las voces no escuchadas. Incluso puede saber cuándo y dónde ocurrirán los sucesos más importantes, consultando el cuaderno de los Bomber o recordando los sucesos que presenció en iteraciones anteriores. Esto lo hace omnipotente (ya que puede controlar el tiempo y tomar todos los caminos posibles) y omnisciente (ya que sabe exactamente a dónde ir y cuándo hacerlo). Estas cualidades le separan de la mayoría de los protagonistas de los videojuegos, asemejándolo a deidades míticas a través de recursos narrativos y procedurales.

Esta lectura mitológica es útil no sólo porque nos ayuda a entender mejor los sucesos de Termina, sino también porque tiene un uso práctico dentro de su mundo. Los objetos más importantes del juego, en torno a los cuales gira todo (desde la trama hasta las mecánicas), son las máscaras. Estas son objetos principales que no pueden perderse al reiniciar el juego. Cada máscara tiene un uso particular, desde las puramente banales (la máscara de Piedra) hasta las necesarias para alcanzar el final del juego (máscara Goron, Zora, etc.).

Curiosamente, cuando Link adquiere todos los objetos principales que necesita para impedir que el villano, Skull Kid, destruya el mundo, la máscara de Majora asciende a la luna para estrellarla ella misma contra Termina. Link, por supuesto, la persigue hasta el interior del astro. Allí encuentra una enorme pradera soleada, donde no hay nada más que un enorme árbol; los lectores de Joseph Campbell reconocerán esta imagen como el "axis mundi", el centro mitológico del mundo, similar al árbol Yggdrasil de la mitología nórdica. Esta semejanza resulta más clara cuando leemos que "la cúpula del cielo descansa en los cuartos de la tierra, apoyándose a veces sobre cuatro cariátides, enanos, gigantes, elefantes o tortugas" (*The Hero with a Thousand Faces*). No olvidemos que este árbol se encuentra dentro de la luna (es decir, en el cielo), y que está, en ese momento, siendo sostenida por los cuatro gigantes que Link ha invocado desde los cuatro puntos cardinales de Termina.

Al pie del árbol juegan cinco niños pequeños. Cuatro de ellos llevan máscaras terribles que cubren sus rostros. Si el jugador habla con ellos, le pedirán que le entreguen todas

sus máscaras, un acto muy similar al abandono del ego y de todas las posesiones materiales en el budismo para poder alcanzar el nirvana. Cada uno de los cuatro niños (es importante enfatizar la importancia mitológica del número cuatro como representante de la totalidad, tal y como argumentan Jung y Kerényi en *The Science of Mythology*) hará pasar a Link por una prueba, donde tendrá que demostrar todo lo que ha aprendido por el camino. Al conseguirlo, obtendrá el premio definitivo: la máscara de la Fiera Deidad.

El nombre lo dice todo: es una "deidad", una máscara que le permite a Link convertirse en un dios. En otras palabras, tras invocar desde los puntos cardinales a los cuatro gigantes que soportan la carga de los cielos, Link alcanza el "axis mundi", abandona sus posesiones materiales y se somete a las pruebas de los niños celestiales. Al hacer esto, asciende desde su estatus de héroe de romance y se convierte en un dios.

La máscara de la Fiera Deidad es tan poderosa que le permite derrotar a cualquier jefe, incluido Majora, en cuestión de segundos, demostrando a través de la mecánica de juego lo que ya había sido mostrado por la trama. Este poder, no obstante, no puede ser obtenido a menos que el jugador decida recorrer todos los caminos posibles, a menos que elija conocer el mundo de Termina y a sus habitantes desde todos los puntos de vista posibles. El mismo Eiji Aonuma confirmó esto en la publicación *Game Informer*, donde dijo que "la mejor forma de pensar en ello es que los recuerdos de todos los habitantes de Termina están en el interior de la máscara de la Fiera Deidad".

Es tan sólo a través de una lectura mitológica (vertical al igual que horizontal) que el mito se puede realizar y el jugador puede ascender a la divinidad no como un mortal, sino como el mesías, uno que, tras sacrificar su propia identidad y a sí mismo (ya que cada máscara le transforma en una persona diferente), redimirá a Termina y la salvará de su perdición, llevándola a un nuevo amanecer.

Debemos también destacar que Link es un huérfano que asciende al estado de divinidad. Según Jung y Kerenyi (*The Science of Mythology*), esto significaría que Link encaja en el mitologema del niño primordial, asemejándolo a Zeus, Apolo, Hermes y Dioniso. Esto es particularmente notorio debido a la naturaleza acuática del juego (tres de las cuatro áreas del juego tienen un tema acuático —el pantano emponzoñado, la montaña congelada y la gran bahía–, mientras que la última —un páramo desierto carente de agua– se caracteriza por no contener vida y estar poblada por muertos vivientes). Jung y Kerényi consideran este un elemento crucial en este tipo de mitos, ya que asemejan el agua a una placenta: "El dios infante, prototipo del niño huérfano maravilloso, se siente como en casa en el elemento primigenio, revelando todo su significado cuando la escena de su epifanía es el agua", apuntan. "El agua primigenia, concebida como la placenta, el seno de su madre y la cuna, es una imagen mitológica genuina, una unidad pictórica cargada de sentido".

Esta semejanza entre el agua y la placenta no acaba aquí: en el tercer segmento del juego, Link tiene que asumir la forma de Mikau, el padre muerto de los hijos de Lulu, la cantante Zora, para sumergirse en el mar, bucear hacia las profundidades abisales, y rescatar los huevos que le habían robado. Esto se podría interpretar como que Link, asumiendo el rol del padre, ayuda a Lulu a dar a luz. Otro aspecto muy importante de este tipo de mitologema es el hecho de que el niño huérfano, a pesar de ser muy pequeño (a veces incluso un enano), se puede convertir en un gigante. Link también es capaz de hacer esto después de obtener la máscara del gigante en el templo de la torre de piedra. De nuevo, Jung y Kerényi resaltan la importancia de este factor: "Kullervo no era, evidentemente, de la altura de una pierna ni de corta estatura, sino un gigante [...] hay un paralelismo curioso entre este gigantismo, que parece incompatible con la infancia del héroe, en otra gran mitología [la hindú]".

Podemos ver así que, desde un punto de vista de narrativa mitológica, Link es el héroe perfecto: es un huérfano con claros vínculos con el agua; recorre toda Termina para conocer y paliar los problemas de sus habitantes; invoca a los gigantes desde los cuatro puntos cardinales para que sostengan el cielo; accede al "axis mundi"; abandona sus posesiones materiales; pasa terribles pruebas y, finalmente, se convierte en un dios.

CONCLUSIÓN

Para resumir, podríamos concluir que, debido a su ciclo de tres días y la posibilidad de viajar en el tiempo, *The Legend of Zelda: Majora's Mask* tiene muchas y muy diversas lecturas, que varían dependiendo de las acciones del jugador. Por una parte, este puede ser un juego sin jugadores, que se juega a sí mismo y desarrolla su propia historia sin intervención humana hasta llegar al final: la pantalla de "Game Over". Por otra parte, tenemos el relato completo y universal del niño divino que carga con todo el peso del mundo, ese que tras superar múltiples pruebas y obstáculos asciende a la divinidad. Entre medias encontramos la lectura de una leyenda, de un héroe superior en grado a otros hombres y a su entorno

que realiza hazañas fabulosas y devuelve el orden natural al mundo. Dependiendo de a cuánta gente ayude Link y de cuántas máscaras obtenga, la secuencia del final será diferente, mostrando los distintos efectos que tuvieron las acciones del jugador en el mundo de Termina. Podemos establecer, entonces, que cada acción tiene resultados diferentes al final del juego, lo cual valida la teoría de que hay múltiples narraciones con secuencias de vídeo distintas.

Argumentaría que este juego ha marcado un antes y un después a la hora de alcanzar la clase de narrativa dramática que Janet H. Murray predijo en *Hamlet on the Holodeck*, la clase de narrativa en la que las acciones del jugador, o carencia de las cuales, tendrían un profundo impacto en el desarrollo de la historia, cambiando la forma en que el jugador la siente e interpreta. Si todo va bien, en el futuro veremos más juegos que sigan este patrón, donde los personajes no jugables sean independientes de las acciones del jugador, y un amplio abanico de posibilidades dependan de las acciones que decida o no tomar, explotando así el carácter interactivo de este medio.

La apuesta más inesperada de Squaresoft

Texto **Ramón Méndez**

En el año 1998, Squaresoft era una compañía que estaba en la cresta de la ola y prácticamente todo lo que hacía se convertía en oro. Emblema de los juegos de rol y con varias de las franquicias más importantes de la historia en su haber, la compañía nipona quiso aprovechar el desmesurado éxito de *Final Fantasy VII* para experimentar con conceptos nuevos y ofrecer cosas diferentes a sus usuarios. Entre esos proyectos, había uno que destacó sobremanera por ser algo muy disruptivo con todo lo que se había visto en el mercado hasta ese momento: *Parasite Eve*.

Lo cierto es que existe mucho secretismo en torno a por qué existe este juego. Las pocas entrevistas que hay de la época no dejan nada claro el germen de esta propuesta, que se convertiría, por aquel entonces, en una de las pocas veces que Squaresoft se sumergía en adaptaciones a videojuego de licencias externas. En concreto, *Parasite Eve* era, originalmente, una novela de Hideaki Sena publicada en el año 1995 en Japón. El autor trabaja como farmacólogo, de ahí que durante sus experimentos con las mitocondrias (que son el motor de las células de todos los seres vivos) se planteara qué pasaría si estos organismos, que se considera que podrían haber sido una forma de vida independiente, tuvieran voluntad propia y quisieran dejar de mantener esa relación simbiótica con las células. Esa sería la base de una novela de terror médica muy anclada en conceptos científicos, además de ahondar mucho en el drama humano, interesantes teorías y una inquietante puesta en escena.

El éxito de la novela llevaría al estreno de una película basada en la misma (de 1997) y, posteriormente, al lanzamiento de un videojuego de la mano de Squaresoft desarrollado por varios de los nombres más importantes de la historia del videojuego: el director y guionista sería Takashi Tokita (*Final Fantasy IV*, *Chrono Trigger*, *Live A Live*); el productor, Hironobu Sakaguchi (padre de *Final Fantasy*, *Lost Odyssey*, *Vagrant Story*); el diseño de personajes correría a cargo de Tetsuya Nomura (principal responsable de *Kingdom Hearts*, *Final Fantasy VII Remake*, *The World Ends With You*), y la banda sonora sería obra de Yoko Shimomura (*Street Fighter II*, *Kingdom Hearts*, *Xenoblade Chronicles*). En definitiva, que este juego reunía a lo mejor que tenía Squaresoft en plantilla por aquel entonces.

Lo que sorprende es que todo ese equipo, especializado en la fantasía heroica, apostase por hacer un survival horror —con sistema de juego de rol— y una trama científica con base en

una novela escrita por un experto del tema. No obstante, y más allá de la misteriosa motivación de fondo, lo que hicieron fue una pequeña maravilla. La versión remozada del motor de *Final Fantasy VII* les permitió recrear una Nueva York actual (para la época) y muy creíble, con unas secuencias de vídeo espectaculares (de lo mejor que podía mostrar la primera PlayStation) y unos personajes que conectaron muy bien con los usuarios (sobre todo, Aya Brea, la protagonista). Con una conexión lejana con la novela y unos toques fantásticos, esa ambientación realista no tardaba en convertirse en una pesadilla. Tanto se invertía en el desarrollo de la narrativa que era posible pasarse horas con diálogos e investigaciones que desarrollaban la trama durante nuestro trabajo como policías.

Si el equipo de desarrollo no se pronunció nunca mucho sobre el juego, tampoco lo hizo Hideaki Sena. Se sabe que no dio su aprobación a que se crease el juego, sino que fue su editora quien negoció todo con Squaresoft y él no se enteró hasta que el guión del juego ya estaba terminado. A pesar de esta contrariedad, parece que se quedó más o menos satisfecho con el resultado; no en vano, era un autor con una gran base científica al que le metían demasiados elementos fantásticos en su obra. En 1999, Squaresoft lanzó *Parasite Eve II*, más enfocado en el survival horror y con un equipo completamente nuevo (sólo repetía Nomura en un papel menor); aquí, la rumorología comenta que el juego se desviaba ya en exceso de la trama original y que Hideaki Sena se quedó muy contrariado, lo cual supuso entre bastidores una ruptura total entre las partes. Aunque no se sabe con certeza, ese podría ser el motivo por el que en 2010 se lanzó *The 3rd Birthday*, una tercera entrega que no referencia ni a la novela ni a los juegos anteriores, en un intento fallido de hacer un shooter protagonizado por la propia Aya Brea, cuyos derechos pertenecen a Square Enix.

Quizás debido a las polémicas, el primer juego nunca llegó a Europa, ni siquiera a pesar de que la canción del final, *Somnia Memorias*, tenía su letra en latín y en español. *Parasite Eve* se quedaría como una rareza, un juego único en su especie del que, pese a todo, hablarían mucho las revistas de la época y cuyo interés se disparó tras el exitoso lanzamiento de *Parasite Eve II*. Ojalá Square Enix encuentre la forma de reavivar una franquicia que aún tiene muchos seguidores.

Square Enix

NIVEL 02

Jiwon Choi

Texto **Nacho Requena** | Fotografía **Round8 Studio**

"Las comparaciones con Bloodborne añadieron mucha presión sobre nuestros hombros"

Una comparativa puede ser un halago… y una maldición. Por un lado, la obra cultural obtendrá un foco de atención muy potente, con miles de personas comentando al unísono lo mucho que se parece a "ese otro juego". Sin embargo, por la otra cara, muchos jugadores exigirán a la nueva criatura los valores y estándares de "ese otro juego". En el pecado lleva la penitencia, aunque el título en cuestión no haya cometido pecado alguno y este haya sido asignado por un elemento externo.

Cuando *Lies of P* se puso a la venta durante septiembre de 2023, las comparativas con From Software estuvieron a la orden del día. Es normal que esto suceda, más ubicándose en el mismo género y con muchas reminiscencias, pero hay que diferenciar entre la comparativa (y crítica) sana, esa que aporta y no desgasta desde el aspecto constructivo, y aquella más destructiva, consistente en pedirle al juego lo que no es (ni quiere serlo).

¿Cómo le sentó al estudio esta comparación, en todas las direcciones, con el gigante japonés? Para saber un poco más sobre ello, en *Revista Manual* nos hemos sentado con Jiwon Choi (Corea del Sur), director de *Lies of P*. Esta pieza estuvo repleta de curiosidades, como que nos reunimos con nuestro entrevistado durante la Gamescom 2023 para efectuar las preguntas. Sin embargo, no se pudo realizar la entrevista en ese momento por una serie de percances. Tiramos las fotografías pertinentes –no utilizadas en este artículo, ya que el estudio nos quiso entregar otras; todo sea dicho– y emplazamos la conversación para el futuro.

Irnos de esa sala sin la entrevista fue doloroso –nunca se sabe si contestará ese correo electrónico o esa videollamada–, pero nos permitió también modificar el enfoque de las preguntas. Al fin y al cabo, pasamos de un marco temporal donde *Lies of P* todavía no había salido, a otro donde el juego ya estaba comercializado; de hecho, a uno donde este se ha convertido en todo un éxito, con secuela anunciada incluso. El resto no es más que este extenso texto hablando sobre los orígenes del estudio, la industria del videojuego en Corea del Sur y de por qué elegir a Pinocho para la historia. Esto último, con especial interés para el que se encarga de preguntar.

¿Cómo se pasa de un estudio relativamente pequeño a uno gigante triple A?
Round8 Studio está formado por personas apasionadas en la creación de videojuegos, y muchos soñaban con ser desarrolladores desde la infancia. Jugamos a juegos de géneros muy diversos, hablamos siempre de los juegos que nos gustan, compartimos la experiencia de juego de la noche anterior y debatimos sobre la filosofía a seguir a la hora de crear videojuegos.

Somos desarrolladores de videojuegos. Nuestro trabajo es crear juegos. Sin embargo, más allá de nuestras carreras, somos jugadores. Nos motiva crear los juegos que nos gustan, los juegos que nos dan ganas de jugar y los juegos que nos satisfacen. Como director, también percibo este sentimiento.

Como todo el mundo se hace eco de esto, no es ningún secreto que nuestra pasión por el género souls desempeñó un papel fundamental cuando decidimos crear un juego estilo souls. El hecho de que ya contáramos con muchos desarrolladores experimentados en la creación de juegos de acción online fue, sin duda, una ventaja. Descubrimos que el género souls también tiene un enorme potencial desde el punto de vista comercial. Así empezó *Lies of P*.

¿Cuánto ha durado el desarrollo de *Lies of P*?
El proyecto ha necesitado de cinco años, incluyendo la fase de concepto y las etapas de preproducción. El desarrollo como tal, tres años.

Mirando ahora atrás, ¿cuál ha sido el mayor reto en esos cinco años de desarrollo?
En Corea del Sur, la industria del videojuego prosperó en torno a los juegos como servicio en PC o juegos para móviles. Resultaba difícil encontrar desarrolladores con experiencia en juegos para un solo jugador en sitios como las consolas. Dicho esto, muchas fases del desarrollo de *Lies of P* eran territorio desconocido para nosotros. A lo largo de

la fase de concepto, el diseño, la programación, etc., tuvimos que dedicar mucho tiempo a encontrar la solución a los problemas mediante ensayo y error.

Descubrimos que la discusión y el prototipar eran los mejores métodos para resolver los problemas con los que nos topábamos. Pusimos todo de nuestra parte para probar y recopilar todas las opiniones posibles, testeando una y otra vez en bucle. Valoramos y evaluamos cuidadosamente todos los comentarios de cada una de las personas del estudio. Pensando en los retos y obstáculos a los que nos enfrentamos y en cómo encontramos soluciones, creo que podemos decir que el proceso de desarrollo de *Lies of P* fue similar a la propia experiencia que transmite el género souls.

¿Por qué elegir a Pinocho como protagonista?
En las primeras fases del proyecto *Lies of P*, uno de nuestros principales objetivos era decidir qué historia queríamos contar. Aunque barajamos varias opciones, nos topamos con la historia original de *Las aventuras de Pinocho*.

Al leer la historia original, a todos nos pareció muy atractiva por sus personajes, el trasfondo, la ambientación, la comedia negra y el aspecto inocente pero cruel del cuento de hadas. Creemos que todo eso encaja genial para reimaginarlo y convertirlo en un souls. Cuando descubrimos *Las aventuras de Pinocho*, todos en el estudio se sumaron rápidamente a la idea de volver a contar la historia de Pinocho. Creo que tomamos una gran decisión basándonos en el resultado obtenido con el proyecto.

Entonces, ¿la idea era contar la historia de Pinocho o mostrar todo un nuevo universo?
Contar la historia original sin ninguna reimaginación nunca fue una opción para nosotros. *Las aventuras de Pinocho* nos cuenta una historia de aprendizaje y de crecimiento. Como este es también el principio básico del género souls, queríamos presentar esta historia al jugador. *Lies of P* intenta

"El proyecto ha necesitado de cinco años, incluyendo la fase de conceptualización y las etapas de preparación"

67

encapsular esa historia de antagonistas y aliados, tentaciones y elecciones, errores y adversidades, iluminación y crecimiento, en un mundo y en un escenario nuevos.

La creación de *Lies of P* fue un alegre viaje para el estudio, ya que los personajes y los escenarios de la historia original encajaban muy bien en el género del juego. Esto nos motivó a ir más allá de nuestros límites a la hora de presentar esta reimaginación de *Las aventuras de Pinocho*, así como los objetivos que queríamos transmitir a los jugadores.

En cuanto a esto, la dirección de arte y la ambientación son soberbias, ¿cuánto tiempo tomó dar con el estilo adecuado?
¡Muchísimas gracias! Siempre es agradable escuchar buenas palabras sobre el arte de *Lies of P*, ya que nuestro equipo de arte ha trabajado realmente muy duro para hacerlo realidad. El arte ha sido uno de los pilares principales del juego. Desde el principio hasta la última fase de pulido antes del lanzamiento, el equipo de arte estuvo siempre con nosotros en el viaje. Es imposible hablar sobre el desarrollo de *Lies of P* sin ellos.

¿Cuáles juegos os han servido de inspiración y referencia durante el proceso de desarrollo?
Me han hecho preguntas similares a esta a menudo en entrevistas anteriores; de hecho, nombré algunos títulos. Sin embargo, al revisar estas preguntas y mis respuestas, descubrí que la inspiración de *Lies of P* no procede únicamente de los videojuegos.

Por no mencionar que todo el proyecto comenzó con un gran clásico como ya hemos hablado (*Las aventuras de Pinocho*), también hay inspiración de otros videojuegos soulslike, cualquier medio donde destaque la familiaridad o las vibras de los cuentos de hadas, pero también la avaricia de ciertos segmentos de la sociedad y los aspectos de culto. Todo eso nos inspiró durante el desarrollo de *Lies of P*. Nuestros desarrolladores también se inspiraron en su experiencia con la naturaleza, la arquitectura clásica durante sus viajes

o la música. Los videojuegos son como un tapiz tejido con diversos hilos culturales. Creo que esta diversidad a la hora de buscar inspiración es común entre los desarrolladores de videojuegos y no es exclusiva de nuestro equipo.

No han parado de comparar *Lies of P* con *Bloodborne*. ¿Ha llegado a molestar al equipo o se ha sentido como un halago?
Esta pregunta fue frecuente antes del lanzamiento del juego, y somos conscientes de las comparaciones con *Bloodborne* en los medios, independientemente de nuestras intenciones. Siendo ávidos fans del soulsborne y de From Software, comparar *Lies of P* con *Bloodborne* es algo inquietante en un sentido positivo, ya que nos pone el listón muy alto. Sin duda, estas comparaciones añadieron mucha presión sobre nuestros hombros para que ofreciéramos un buen juego como *Bloodborne*.

Nuestro objetivo era crear una experiencia distinta y original, que se hiciera evidente en cuanto los jugadores se adentraran en el juego. Anticipamos que las diferencias se harían evidentes durante el juego. Así que no estábamos tan nerviosos por las comparaciones, sino más bien motivados a crear *Lies of P* como una experiencia única y bien desarrollada, similar a *Bloodborne*.

¿Y cuál es la clave para hacer un buen soulslike?
Definimos el género soulslike como ese donde se requiere que los jugadores tomen decisiones –o aprendan– a un "alto nivel". Se trata de un género que no requiere, necesariamente, de una habilidad mecánica divina o de reacciones rápidas, sino que exige a los jugadores sopesar sus opciones de forma constante; que les permita crecer en esa experiencia de tomar decisiones constantemente.

Dicho esto, creemos que el punto clave de un buen juego tipo souls es ayudar al jugador a desarrollar sus habilidades en la toma de decisiones en cada momento del juego. Dar una sensación de crecimiento a través de la progresión en el juego.

"El proceso de desarrollo de Lies of P fue similar a la propia experiencia de juego del género souls"

¿Se ve *Lies of P* como una saga para mucho tiempo?
Tenemos muchas historias dentro del universo de *Lies of P*, con más personajes y eventos dinámicos. El proceso de desarrollo de *Lies of P* implica una profunda inmersión en muchos cuentos de hadas clásicos. A partir de nuestra investigación, hemos acumulado una gran cantidad de ideas y conceptos interesantes. Esperamos que *Lies of P* se convierta en una saga de larga duración para poder contarlos todos. Todavía hay muchos juegos e historias que queremos presentar a los jugadores.

¿Cree que *Lies of P* puede ser un referente para la cultura surcoreana más allá de los MMO y de los deportes electrónicos?
Si bien es cierto que la cultura del videojuego surcoreana es famosa por su escena de deportes electrónicos y MMO, creemos que muchos jugadores coreanos están interesados en los videojuegos en general y están abiertos a jugar en varias plataformas.

De hecho, nos ha sorprendido el cariño que recibimos de los jugadores coreanos. El mercado de consolas en Corea del Sur es relativamente pequeño en comparación con otros mercados importantes, pero la cantidad de cariño que hemos recibido de los jugadores coreanos es enorme.

La demanda de juegos que ofrezcan una experiencia de gran calidad sigue creciendo en Corea del Sur. Los estándares de evaluación, las expectativas por los juegos y la profesionalidad son también cada vez mayores. Yo creo que esto es más una tendencia a nivel mundial y no sólo en Corea. Esto nos motiva a seguir creando mejores videojuegos.

Y nuestra última pregunta siempre, ¿cuál es el videojuego favorito de Jiwon Choi?
Los videojuegos de mi infancia han tenido un impacto muy fuerte, por lo que es difícil elegir sólo un favorito. Me quedo con *The Legend of Zelda: Triforce Heroes*, *Resident Evil 1* y *Resident Evil 2*, *Tekken 2*, *Street Fighter 2*, *Tekken Tag Tournament* y *Virtua Fighters 2*. Cada uno de esos títulos tiene un lugar especial en mi corazón y me ha proporcionado recuerdos inolvidables.

JUGAR A UN SOULS ES JUGAR A MENTIR

Lies of P nos propone que la mentira vaya más allá de un simple elemento narrativo para insertarlo en lo jugable, ¿pero no es eso acaso lo que hacen los soulslike en gran medida?

Texto **Adrián Suárez** | Ilustración **Round8 Studio**

Decía el director de *Lies of P*, en este mismo número, que jugar a un soulslike "exige a los jugadores sopesar sus opciones de forma constante; que les permita crecer en esa experiencia de tomar decisiones constantemente." Me gusta mucho esta declaración de Jiwon Choi. Creo que ayuda a comprender qué es lo más característico de este género como género.

Porque es difícil comprender qué es un soulslike en realidad. ¿Es un metroidvania en tres dimensiones? ¿Es un videojuego difícil? ¿Es un título con una narrativa fragmentada, opaca y con sus partes separadas por el escenario, notas y descripciones? Nada de esto lo define plenamente, porque un soulslike puede ser más lineal que un metroidvania y seguir siendo un souls, como *Dark Souls III*. Puede ser fácil y también contar con una narrativa mucho más clara, como *Nioh*, y lo seguimos contando como soulslike.

Sin embargo, si nos libramos de todas estas correosas preguntas, y nos quedamos con que sea lo que dice que tiene que ser Jiwon Choi, nos estaremos acercando más a la verdad del género. Esta forma de describirlo me recuerda mucho a la de Adrián Hernán sobre qué es un juego de terror.

Lo entrevisté en mi podcast, *Nuevebits*, tras publicar un libro muy interesante con Game Press titulado *El libro de los videojuegos de terror*. Su texto hacía un recorrido por los videojuegos de miedo más significativos de la historia. Cuando le pregunté qué era un videojuego de terror, no me habló de survival, de mecánicas, de dinámicas o de tipos de historias, sino de emociones: "Un juego de terror es cualquiera que te haga sentir miedo. *Tomb Raider* también puede ser catalogado como uno".

Esa charla con Adrián Hernán me hizo darme cuenta de que a todo género se le puede asociar este tipo de idea abstracta para definirlo, ¿por qué no catalogamos los géneros nada más que por lo que nos hacen sentir?

Los JRPG no me gustan porque tengan combates por turnos o desarrollo lineal, sino porque son historias dramáticas que me hacen llorar. Yo, como tú, volví a *Final Fantasy VII* con *Rebirth* sólo para hacerme daño. Las aventuras gráficas me gustan porque las siento como espacios en los que habitar. Me quedaría horas dando vueltas por el puerto de *The Secret of Monkey Island* o la ciudad de *Machinarium*; sus puzles, banda sonora o gráficos me importan menos.

Y lo cierto es que adoro los soulslike porque me hacen estar tomando decisiones constantemente. Yo no juego a *Lies of P* o a *Dark Souls* por el reto, ¿cómo podría? ¡Soy un jugador malísimo que nació con dos manos izquierdas! Así que, para mí, esto es lo que define a un soulslike por encima de su constructo jugable: su capacidad para hacernos tomar decisiones todo el tiempo, de forma constante, sin parar y en todo momento. Y por eso es tan interesante *Lies of P*.

La pregunta es: ¿qué decisiones tenemos que tomar en un soulslike? Porque si la cosa va de decidir, ¿es entonces *Heavy Rain* un soulslike? En *Lies of P* hay que elegir el equipo que llevamos, el arma y nuestros consumibles. Hay que decidir cómo montamos nuestra build contra uno y otro jefe, y también si hacemos parry o si preferimos gastar nuestra energía en una esquiva ante el ataque enemigo. Todo eso está claro, pero ¿en ningún sitio más tenemos que decidir? ¿Sólo ahí?

A mí la parte que más me gusta de un souls, en lo que respecta a decidir, es la que compete al lore. Cuando una historia se viste de misterio, tienes que decidir todo el tiempo cómo responder a sus acertijos sin contar nunca con toda la información. Un tipo con una armadura dorada está encerrado en una jaula, ¿lo liberas o lo dejas ahí? Un comerciante que no para de burlarse de los dioses te dice que te des la vuelta, que mires lo que hay bajo un precipicio, y que te quedes con el tesoro que ahí se esconde en caso de haber alguno, ¿miras o no? Un loco con una armadura con un sol pintado saluda al sol y te acompaña en tu viaje, pero hay varios indicios que lo identifican como el hijo de Gwyn, ¿decides que lo sea o no?

Toda esta incertidumbre tiene una ventaja extra, y es que favorece que sea tan divertido que te mientan –y también mentir–. Porque Lautrec te engaña, también Parches y Solaire, y lo hace, por supuesto, P en *Lies of P*. Esta capacidad del autómata de engañar, y de responder mal a sabiendas, puede parecer una mecánica tontorrona y simple. En realidad, lo único que hacemos como jugadores es tomar una elección de entre dos cuando se nos permite. En base de lo que escojamos, se producen en el juego pequeños cambios.

Sin embargo, elegir entre A y B en este título es mucho más de lo que parece, porque al mentir alteramos el mundo de juego. Ya no sólo nosotros somos los traicionados en un soulslike, sino que nosotros podemos traicionar a todos los que lo habitan.

Una de mis partes favoritas de *Lies of P* es la zona de la Hermandad del Conejo Negro. Este soulslike tiene un punto terrorífico, uno que recuerda muchísimo al miedo que un alumno de instituto puede sentir hacia los matones que lo acosan. P es una marioneta con vida, con algo parecido al alma. Es odiada por ser diferente, por quitarle el trabajo a la gente de carne y hueso, y por empeorar la vida de los ciudadanos en consecuencia.

La Hermandad del Conejo Negro es un grupo de cuatro hermanos, de cuatro acosadores, que quieren herir al pobre niño flaco e indefenso que es P. Durante todo el área que precede al combate contra ellos, P tiene que tomar varias decisiones; y necesitará mentir. Él no sabe las consecuencias –ni tampoco el jugador– que tendrán todas y cada una de estas decisiones.

Al llegar al final del nivel, aparecen los miembros de la Hermandad del Conejo Negro cargando con un ataúd, lo abren, y ahí aparece escrita la palabra "mentiroso". La condena por no decir la verdad, por ser un embustero, es una paliza en grupo.

Recuerdo que sentí pavor justo en ese instante. Por este preciso momento, no dudo ni un instante de que Adrián Hernán catalogaría a *Lies of P* como un juego de miedo. Al poder mentir y engañar, creemos que tenemos algún tipo de superpoder. Nos hace creer que podemos transformar el juego y su universo a nuestra voluntad como hace Parches o Lautrec en *Dark Souls*; pero no es así. Los hermanos nos han tendido una trampa, han usado su ingenio para tener la razón, para poder contar con argumentos para matarnos y declararnos enemigos de la ciudad, de lo humano y de ellos mismos. Es una mentira de la mentira.

Me costó muchísimo esta batalla. Tuve que analizar *Lies of P* y jugarlo antes de su lanzamiento, sin ningún parche, sin guías ni nada más que mi sudor. Me quedé atascadísimo peleando con estos cuatro encapuchados, enfrentándome una y otra vez a su juicio por mentir. Por supuesto, no les gané con ningún honor. Tuve que usar la legendaria técnica de "corre, corre y corre, y cuando tengas un hueco, ve y dale un toque antes de volver a correr, correr y correr". Así hasta que cayeron los cuatro y pude continuar con la aventura.

MAMÁ, PROMETO NO VOLVER A MENTIR

Hay otro sitio en el diseño de un souls en el que la mentira también es la protagonista: en su arte. Hidetaka Miyazaki siempre ha abogado por dotar a sus producciones de un patetismo elegante, de una decrepitud hermosa, de un frío cálido. Siempre hay un poderoso contraste en todo aquello que tocan sus pinceles. Lo más hermoso siempre oculta algo horripilante en su interior. Es como una jugosa factura que cobras: siempre oculta un futuro pago a Hacienda. Un jefe final que parece débil e inocente se acaba transformando en una criatura imposible de derrotar, y hasta una caída mortal al vacío es, muchas veces, la única escapatoria posible.

Lies of P también ha comprendido esto a la perfección. Jiwon Choi se ha mostrado muy contento de que Nacho Requena haya alabado su apartado artístico, pero es que un soulslike tiene que ser bonito para mentir bien. ¿O acaso no es la belleza la más grande de las mentiras?

La zona que precede al enfrentamiento contra Andreus es imponente. Este bicharraco vive en el interior de una catedral hermosísima. ¿Cuántos os habéis quedado durante segundos enteros observando su fachada? Yo, el primero. Derroté a todos los monstruos del puente sólo para poder contemplarla en paz. *Lies of P* tiene una belleza de plástico; no lo digo en el mal sentido, sino en el mejor de ellos. Es una estética pulcra, limpia e imperecedera, como el plástico, como un juguete caro recién sacado de su caja de coleccionista.

Entramos en el lugar y, a medida que descendemos por él, todo va siendo más feo y la mentira se va revelando. Finalmente, luchamos contra Andreus, arzobispo caído. Por su rango eclesiástico, debería ser alguien noble, bueno y cordial. Sin embargo, se descubre como un engendro, una alimaña gigantesca más fea que el culo de un necrófago de *Fallout*. Es decir, en el diseño artístico, y en su combinación con lo narrativo, está integrada la mentira. Y cómo nos gusta disfrutarla. Siempre que algo parece bonito, ocultará un monstruo.

Esto no sólo sucede en *Lies of P*: una de las mentiras más graciosas está en *Dark Souls*… y funciona al revés. Es decir, la revelación del engaño no conduce a un desafío insuperable, sino a todo lo contrario. Las Catacumbas es uno de los lugares más duros del juego, ya que son duras, siniestras y oscuras. Tú esperas que al final de estas te espere un enemigo implacable. Sin embargo, allí está el pobre Molinete, con su familia pegada al cuerpo y con sus hechicitos fáciles de esquivar. Lo derrotas y sigues con tu vida. Y sientes que las Catacumbas te han mentido. En realidad, no eran tan terribles.

Por todo esto, jugar a buen souls es jugar a las mentiras. Es tomar decisiones sin saber si hay verdad o no ocultas tras ellas. Te mienten los escenarios, los enemigos, los jefes finales y sus fases. Por supuesto, en la cima de los mentirosos está el maldito simio de *Sekiro*, que se ríe del "que le corten la cabeza" de la Reina de Corazones de Alicia.

Comprender esto, y leer que opina de este modo el director de *Lies of P*, me ha reconciliado con el título. Como he dicho, me tocó jugármelo para su análisis, sin parches de balanceo y teniendo que sufrir lo lentísimo que era P al recuperarse tras una caída. Por eso lo odié, lo odié muchísimo. No sabéis lo frustrante que es tener que llegar a la fecha de embargo de un souls. No os quiero contar cómo odié también en su momento a Isshin Ashina.

Pero, día tras día, lo voy mirando con otros ojos. ¿Es sólo un clon de *Bloodborne* o *Lies of P* es algo más? Lo cierto es que sí que puede que sea algo más. Si en efecto jugar a un souls es jugar a engañar y ser engañado, ¿no es una decisión genial elegir a un protagonista cuyo cuerpo se deforma al mentir? ¿Y no resulta todavía más ingenioso obligarle a mentir continuamente? Por preguntas como estas, puede que *Lies of P* sea el soulslike más ingenioso que se ha hecho en tres dimensiones.

Creo que debería rejugarlo con calma, a juego lento, creciendo a través de su experiencia de tomar decisiones de manera constante. Jugando a mentir.

"Siempre que algo parece bonito, ocultará un monstruo"

VIDA Y MUERTE DEL E3

Texto **Paula García Gil** | Fotografía **Jeriaska - Nacho Requena**

La feria de videojuegos que cambió la historia del medio.

Es difícil explicar, para aquellos ajenos al mundo del videojuego, la relevancia que tuvo –y todavía tiene– el E3. Lo que se originó como un evento fundamentalmente para minoristas e inversores acabó abriendo la puerta a periodistas, primero, y a los fans y a los curiosos de todo el mundo, después. No sólo fue uno de los ejemplos más tempranos de evento masivo retransmitido a través de streaming, sino que ha coronado algunos de los momentos más icónicos de la historia del videojuego. Más importante que todo eso, la cita anual en el Convention Center de Los Ángeles servía como una toma del pulso de la industria del videojuego, tanto de los desarrolladores como de los jugadores. Un escenario al que las empresas tenían que subirse para poner cara a sus ideas, sus proyectos y sus decisiones. Nunca sabremos quién hubiese "ganado" el evento este año o venideros, pero muchas voces coinciden en algo: sin el evento, en cierta medida, hemos perdido todos.

UN MEDIO INFANTILIZADO QUE QUERÍA CRECER

Como muchos otros acontecimientos relevantes en la historia, el primer E3, celebrado en el año 1995, casi no sucedió. La historia cuenta que Pat Ferrell, director de la revista *GamePro*, había concertado una entrevista un viernes del año 1994 con los miembros de la junta de la recién fundada Interactive Digital Software Association (IDSA), la asociación estadounidense de distribuidoras de videojuegos. El motivo era uno: proponerles la fundación de un evento a gran escala que permitiría a las desarrolladoras presentar demostraciones de producto, así como captar la atención de inversores y comerciantes que quisieran adquirir sus productos. Ferrell estaba tan centrado en preparar su presentación y su razonamiento para la IDSA que pasó por alto el detalle de que, de hecho, la reunión iba a tener lugar un jueves. Cuando su secretaria apareció en el restaurante en el que estaba comiendo para avisarle de que la junta de accionistas le estaba esperando, Farrell saltó a su coche y condujo a toda velocidad, rezando para que aquel grupo de señores encorbatados no estuviese demasiado molesto con él como para escuchar sus ideas. Sin tiempo para acceder a los documentos que había preparado, simplemente improvisó.

El principal punto del que Farrell necesitaba convencer a la junta de la IDSA era el de separarse del que, en ese momento, era el principal evento de presentación y demostración de

electrónica del país. El Consumer Electronics Show (CES) se llevaba celebrando desde el año 1967 y era, en aquel momento, uno de los eventos más grandes que hospedaba la ciudad de Las Vegas cada año. Siendo considerados, al fin y al cabo, como un medio tecnológico, los videojuegos habían pasado a ocupar una pequeña parte del recinto de la feria en los años ochenta, en la que habían debutado, por ejemplo, la NES o el Commodore 64. Sin embargo, a ojos de consumidores y, sobre todo, de empresarios e inversores, los videojuegos eran todavía un medio joven y que, para más inri, tenían una serie de connotaciones negativas asociadas: se ligaba al público infantil y a las polémicas mediáticas relacionadas con la violencia –especialmente, durante los noventa–. Como tal, el espacio que este medio ocupaba dentro del CES no era, ni mucho menos, privilegiado.

De entre las grandes empresas creadoras de videojuegos, SEGA fue una de las más interesadas en la idea de una feria independiente. El director de SEGA of America, Tom Kalinske, era vocal en su descontento respecto al trato que los videojuegos obtenían por parte del CES. En una entrevista con *Polygon* en el año 2019, Kalinske aseguraba que, para llegar a la sección de videojuegos del evento, los consumidores tenían que atravesar toda la sección de pornografía y acceder a unas pequeñas carpas instaladas en la parte trasera del recinto. En el año 1992, las goteras arruinaron una cantidad bastante considerable de consolas Mega Drive.

Las empresas de fundación más reciente, como Sony, consideraron la idea de hacer un evento separado como una oportunidad para darse a conocer a más público; las veteranas, como Electronic Arts, lo vieron como una oportunidad de crecimiento. El mayor obstáculo en el camino fue Nintendo. La compañía, en especial la parte de ella ubicada en Japón, veía con reservas la idea de alejarse del prestigio establecido del CES y sus jugosas cifras de visitantes anuales. Aun así, una campaña de marketing notable, una elección de las fechas bastante inteligente y la ubicación en el Convention Center de Los Ángeles –que permitía a las empresas japonesas asistir al evento en un solo vuelo, sin hacer escala– acabaron dando fuerza e ilusión al evento que debutó el once de mayo de 1995. Con más de ciento ochenta expositores confirmados, los hoteles de Los Ángeles haciendo un lleno absoluto y marquesinas, anuncios en revistas y demás avalanchas de promoción, incluso las empresas reticentes, como Microsoft y la propia Nintendo, terminaron por querer sumarse al evento en los meses previos a su celebración.

EL AÑO QUE LO CAMBIÓ TODO

La celebración de aquel primer E3, el del año 1995, fue un esfuerzo conjunto de colaboración entre las distintas empresas de la industria, grandes y pequeñas, que buscaban un mejor posicionamiento del medio a los ojos del público, así como establecer una feria de muestras que les garantizase un mejor impacto ante compradores y distribuidores. Sin embargo, a la hora de la verdad, aquellas empresas también estaban compitiendo entre ellas: querían destacar ante su público y convencer a los consumidores de que sus apuestas eran más llamativas, más punteras y relevantes; más dignas de inversión.

Mirándolo en retrospectiva, es curioso darnos cuenta de que la inmensa mayoría de elementos que consideramos intrínsecos al E3, como las conferencias llenas de anuncios o la idea de que, cada año, el evento tenía un "ganador", nacieron en esta primera edición. La competencia era totalmente abrumadora. Nintendo y SEGA habían accedido a formar parte de la misma feria, sí, pero seguían inmersas en una gran guerra de consolas en la que trataban de demostrar superioridad frente a la otra. Las recién llegadas, como Sony, trabajaban para funcionar como una alternativa a la dominancia de estas dos. Con puestos rimbombantes llenos de merchandising, pancartas, demos exclusivas, presentaciones extravagantes e incluso actores, cada empresa tenía que emplearse al máximo para sobresalir en medio de la avalancha de información. A pesar de que no se conservan muchas imágenes de esta primera edición del E3, el fotógrafo Anthony Parisi subió a su canal personal de YouTube, en el año 2017, un vídeo de tres horas y media de imágenes que había capturado durante las presentaciones de SEGA, Sony y Nintendo de los videojuegos presentados en el evento (y del propio recinto). No tiene la calidad más elevada del mundo (la plataforma nos permite verlo a 360p, como máximo), pero es una pequeña ventana muy interesante a la manera en la que los creadores de videojuegos trataban de hacerse notar en aquel entonces.

El evento presenció algunos momentos relevantes en la historia del videojuego que todavía se recuerdan a día de hoy. Nintendo, por haberse sumado más tarde al evento, tuvo quizás la participación más modesta. Con la Nintendo 64 todavía en fase de desarrollo, el centro de su exposición fue la Virtual Boy, una consola un tanto vanguardista y no particularmente viable comercialmente. SEGA, sin embargo, se empleó al máximo: Tom Kalinske se subió al escenario

con una presentación de alrededor de treinta minutos sobre el futuro de los videojuegos y de la propia compañía. La intención no era otra que presentar al público la nueva consola de la compañía, que en Japón ya se había lanzado el pasado noviembre. La SEGA Saturn tenía un nuevo procesador que facilitaba el uso de gráficos 3D, además de venir aparejada con *Virtua Fighter*, el popular juego de lucha de arcades. Pero la gran sorpresa fue su fecha de lanzamiento: Kalinske anunció que, en Estados Unidos, la consola estaría disponible a partir de ese mismo día, el once de mayo de 1995, al precio de trescientos noventa y nueve dólares.

A la larga, se puede discutir si esta decisión que tomó SEGA fue positiva o no para su negocio. Pronto se descubrió que las treinta mil consolas que la empresa había puesto a disposición de las tiendas para el lanzamiento inmediato eran insuficientes para cubrir la demanda, y algunos de los principales puntos de venta, como Walmart o Best Buy, mostraron su descontento por quedar fuera de la política. En cualquier caso, generó impacto y polémica, un factor bastante importante que la mayoría de conferencias y anuncios que se darían en E3 posteriores considerarían con cuidado, tratando de volcar la opinión pública a su favor. Tan impactante fue este anuncio que, unas horas después, la conferencia de Sony –donde se preveía que anunciasen nuevos detalles sobre el misterioso y esperado hardware de la compañía–, cambió su programación para dar un golpe de efecto. El presidente de Sony Interactive Entertainment America, Steve Race, subió al escenario, pero en lugar de dar una extendida presentación sobre las bondades de la consola, sólo pronunció las palabras "doscientos noventa y nueve dólares". Y se marchó. El vistoso movimiento, y los cien dólares menos que la recién anunciada Saturn, hizo que el público estallase en vítores mientras Race bajaba del estrado.

Las cifras de asistencia oficiales del E3 de 1995 se cuentan en alrededor de cincuenta mil personas, a pesar de que la organización siempre ha insistido en que, extraoficialmente, seguramente habrían sido algunas decenas de miles más. Farrell presumía de que, cada mañana, imprimían veinticinco mil ejemplares de la revista oficial del evento, que servía a modo de catálogo, para repartirlas de manera gratuita en el evento. "Siempre se acababan por completo antes de las diez de la mañana", indica en el reportaje de *Polygon*.

Un evento exitoso y un lugar mucho más notable y privilegiado dentro del campo de la tecnología eran buenas noticias para las empresas que operaban en esta área, claro, pero más allá de lo económico, la celebración del primer E3 también supuso un cambio en la manera en la que se percibían los videojuegos entre el público general. Durante un tiempo, aunque fuese breve, los periódicos no hablaban sobre la manera en la que los videojuegos distraían a la juventud o les incitaban a la violencia, sino sobre el éxito de la nueva convención y de la manera en la que el medio parecía estar despuntando de una forma que había que tener en cuenta, claramente.

NO SÓLO SON NEGOCIOS

Después de la abrumadora acogida de la primera edición, parecía evidente que el espectáculo estaba destinado a continuar. En cualquier caso, la trayectoria del E3 no fue una marcada sólo por los aciertos: hubo varios intentos de cambios de localización –uno a Atlanta, y otro a Santa Mónica– que no fueron bien recibidos, lo que acabó por reivindicar el Centro de Convenciones de Los Ángeles como el epicentro de los videojuegos. Además de eso, algunas ediciones fueron, simple y llanamente, más comentadas que otras. La cantidad de anuncios, exclusivas y momentos memorables de cada entrega dependía del tipo de noticias que las empresas trajesen para desvelar allí. Pronto se generó la dinámica que marcaría la mayoría de la trayectoria del evento: las empresas se guardarían sus anuncios más potentes, las nuevas consolas y los movimientos de mercado llamativos para estas fechas. Aun así, no todos los años habría nuevo hardware o secuelas de títulos infinitamente populares: la actualidad también marcaba, claro, el impacto mediático del evento.

La posición precaria de SEGA en el mercado tras el fracaso de Dreamcast y una Nintendo que todavía no estaba preparada para enseñar su nueva consola, GameCube, marcaron un año un poco más lento de la cuenta. Sin embargo, los primeros vistazos a PSP, Nintendo DS y a títulos como *Grand Theft Auto: San Andreas* o *The Legend of Zelda: Twilight Princess* hicieron que, en el año 2004, la industria pareciese más prometedora que nunca.

En cualquier caso, las anécdotas solían redondear el conjunto. En el año 1997 estuvieron dos de los que, a posteriori, serían los juegos más importantes de todos los tiempos: *Metal Gear Solid* y *The Legend of Zelda: Ocarina of Time*. Mientras los aficionados hacían cola para probar el que Nintendo había ya nombrado como "el juego más grande de todos los tiempos", corre la leyenda de que el propio Shigeru Miyamoto se tomó un descanso del stand de su empresa para probar la nueva serie de Kojima.

Tanto tiempo después, es gracioso pensar en la confianza con la que, en el año 2002, Kaz Hirai, por aquel entonces presidente de Sony America, afirmaba que "la guerra de consolas se había terminado", presumiendo de los treinta millones de unidades vendidas de PlayStation 2. Las conferencias de Nintendo también han dejado, históricamente, grandes piezas memorables: algunas positivas y entrañables, como en el ya mencionado anuncio de *Twilight Princess*: Miyamoto subió al escenario vistiendo la espada y el estudio de Link; otras más negativas, como la desastrosa presentación del título *Wii Music*, banda de música incluida.

Básicamente, durante finales de los años noventa y principios del nuevo milenio, la cita anual de Los Ángeles fue aumentando progresivamente su calibre, ganando relevancia y atrayendo las miradas de curiosos. Tanto es así que, llegados a cierto punto, quizás el número de fisgones estaba superando las expectativas y difuminando un poco las aspiraciones que la IDSA –ya por entonces renombrada ESA (Entertainment Software Association), que es como la conocemos a

"La celebración del primer E3 también supuso un cambio en la manera en la que se percibían los videojuegos entre el público general"

día de hoy– buscaba cumplir con el evento. Es decir: había más fans, bloggers y atención por unas pocas empresas, que periodistas, inversores y minoristas. Por ello, en el año 2007 se tomó una decisión: cerrar las puertas del evento al público general. A partir de entonces, las ediciones estarían pensadas particularmente para ser atendidas por medios de comunicación y personas relacionadas con la industria del videojuego. Los primeros años, la medida se llevó a cabo de manera tan seria que la cifra se redujo a entre cinco mil y diez mil asistentes. A partir del año 2009, el evento volvió al formato más grande –de alrededor de cincuenta mil personas–, pero se mantuvo cerrado al público general. En retrospectiva, este cierre de puertas es probablemente el punto del que surgió la leyenda viva del E3. No era una feria de muestras cualquiera: era un recinto en el que se desvelaban las novedades en consolas y se podían ver y probar los últimos videojuegos, pero al que sólo unos pocos elegidos podían acceder.

La dispersión del público no fue el único problema al que tuvo que enfrentarse la organización del E3 en este tiempo. Tras una primera década de demostrada efectividad del evento, a mediados de los años 2000, y tras algunos años un poco más lentos, los participantes del E3 empezaron a plantearse, en algunos casos, la viabilidad a largo plazo de su aparición en el Centro de Convenciones. Al fin y al cabo, la ESA estaba obteniendo grandes beneficios económicos con la celebración de cada feria –alrededor de veinte o treinta millones de dólares por edición–, mientras las desarrolladoras, por el contrario, estaban gastando hasta cinco o diez millones en movilizar a su personal, montar sus exposiciones y tener las demos y materiales promocionales listos para la fecha.

Una de las maneras en las que se buscó hacer el E3 más rentable para los asistentes, y permitir que sus proyectos y nuevas ideas llegasen al gran público, fue la retransmisión del propio evento. Varios fans y periodistas ya habían realizado coberturas en directo desde el exterior del recinto, hablando de las demos, entrevistas y demás noticias que habían presenciado dentro de la feria. En el año 2005, el canal de TV estadounidense *G4* hizo, por primera vez, una extensiva cobertura del evento desde el interior, con tráileres, entrevistas, debates y retransmisiones de las conferencias. A partir del año 2006, la cobertura del evento de *G4* pudo verse no sólo en televisión, sino también a través de la página web del canal. Poco después, las retransmisiones pasaron a poder disfrutarse en abierto desde todo el mundo en la plataforma JustinTV; para el año 2010, las empresas ya se habían acostumbrado a facilitar a los distintos medios de comunicación y plataformas un "feed" en vivo de lo que estaba sucediendo en el Convention Center.

La expectación, las reacciones explosivas, la especulación ante cada evento… Todas esas piezas tan clave del impacto de la feria ya no estaban únicamente confinadas en Los Ángeles para los ojos de los periodistas, desarrolladores y minoristas invitados. Los rituales, la emoción o los juicios de valor ante lo que cada compañía ponía sobre la mesa entraron directamente a nuestros hogares. A pesar de que no se le acredita frecuentemente, el E3 fue un evento pionero en la retransmisión vía streaming, y uno que fue absolutamente clave en la creación del panorama mediático del Internet actual.

LOS AÑOS DE DECLIVE

Con todos estos desastres no sólo evitados, sino adaptados y capitalizados, en cierta medida, para el beneficio de los participantes en el E3 y de la ESA, ¿qué podía ir mal? Supongo que eso mismo se preguntaban cientos de miles personas que, desde todos los rincones del mundo, anotaban las fechas del evento en su calendario y se reunían para verlo y comentarlo, independientemente del huso horario. Así mismo, los periodistas cruzaban, año tras año, el globo en vuelos intercontinentales para ser los primeros en llevar a sus revistas, televisiones o periódicos las novedades de las grandes compañías que, cada junio, allí se reunían. Todo funcionaba.

Lo cierto es que el E3, como tantas otras cosas antes y después que él, tuvo dificultades a la hora de adaptarse al panorama creado por la democratización y posterior masificación de Internet. Si revisamos, uno a uno, cada evento y cada decisión tomada alrededor de él, seguramente podremos encontrar situaciones que podrían haber sido gestionadas mejor. Pero lo cierto es que, aunque acabaría por ser la pandemia del año 2020 la que serviría como excusa para echar el cierre, el declive del evento durante la década de 2010 –conforme redes sociales y, en general, las tecnologías de la comunicación avanzaban de forma imparable– fue haciéndose, año a año, cada vez más evidente.

Los motivos son relativamente aparentes si nos paramos a mirar su contexto. Para empezar, los juegos habían comenzado a distribuirse de forma digital. Los grandes proveedores de hardware –Sony, Nintendo, Microsoft– tenían sus propias plataformas online pensadas expresamente para la compra y descarga de títulos que no requerían de ningún tipo de medio tangible para ejecutarse. El peso que ganaron los PC dentro del mercado del gaming, por un lado, y el auge de Steam, por el otro, esencialmente abolieron el sistema de

demos del que el E3 tanto se beneficiaba. En su momento, ir al E3, al Convention Center de Los Ángeles, era una de las pocas formas en la que los miembros de la industria, de la prensa y demás sectores podían acceder a los videojuegos que estaban a punto de publicarse. Si el costoso viaje y los días de evento podían sustituirse por la comodidad de un código que podía descargarse desde cualquier parte del mundo, quizás trasladarse hasta allí no tenía tanto sentido, al fin y al cabo.

Algo similar sucedía con las conferencias. La estandarización del modelo de streaming hizo que la especulación y expectación de cara a los nuevos anuncios fuese más grande que nunca. Al mismo tiempo, presenciar el propio evento desde el lugar físico en el que se retransmitía parecía menos importante, pudiendo estar igual de informado –¡y al mismo tiempo, en vivo y en directo!– desde nuestras casas. En este sentido, fue Nintendo la primera en dar el gran paso hacia delante: el año 2013 fue el primero en el que, en lugar de su habitual conferencia con público, las noticias relacionadas con la empresa de Miyamoto se dieron a través de un vídeo pregrabado. Aunque no lo supiéramos todavía, el formato Nintendo Direct había venido para quedarse; y era, también, un reflejo de la crisis del evento.

No es mucho especular, entonces, que durante sus últimos años de vida, el E3 se sostuvo, en gran parte, alrededor de su legado. Si bien ir a Los Ángeles no era necesario, el E3 era el sitio en el que aquellos a los que les interesaban los videojuegos querían estar; tres días de información, novedades y sorpresas sin límites que, en otro tiempo, marcaron la evolución del medio. Quizás conscientes de que la ilusión de los aficionados era lo que sostenía la feria en ese momento, la ESA tomó la decisión de abrir las puertas del evento al público general en el año 2017. En realidad, la venta de pases que podían comprarse para acceder a la feria durante uno o dos

días fue la culminación de un proceso de apertura progresiva por cuestiones de marketing que había comenzado ya en el año 2015.

Y, después, llegó la pandemia.

Tras una edición no particularmente pujante en el año 2019, la del año 2020 se canceló por completo a causa de las distintas políticas impulsadas por los gobiernos locales para evitar aglomeraciones y contagios en medio de la epidemia de la COVID-19. Después, en el año 2021, el evento trató de replicar el impacto de épocas anteriores con una versión de la feria exclusivamente digital que pasó sin pena ni gloria. La edición de 2022 volvió a cancelarse, igual que la de 2023. Un poco más adelante ese mismo año, en diciembre, la ESA confirmó que la cancelación era permanente: el E3 dejaba de existir para siempre.

LO QUE PERDIMOS POR EL CAMINO

A pesar de que no podemos saber a ciencia cierta si el fin del E3 era inevitable o si, dadas otras circunstancias, podría haber sido capaz de adaptarse a las nuevas necesidades, sí podemos explorar, aproximadamente, las consecuencias de su ausencia.

Lo que los consumidores, los usuarios y los fans hemos perdido con la muerte del E3 es, en cierta medida, la existencia de un espacio de juicio crítico hacia las decisiones comerciales de las empresas. Décadas atrás, editoras y desarrolladores tenían que esforzarse al máximo para convencer al público durante la época de convenciones. La necesidad de seducir a una audiencia y de enfrentarse al escrutinio de medios y público las obligaba, en cierta medida, a prestar atención a la opinión general. Las decisiones controvertidas, las que perju-

"El E3 no era perfecto, pero sí era una rara
alineación de factores"

dicaban al usuario o al mercado, eran recibidas con desdén; las que aportaban perspectivas nuevas o respondían a aquello que los jugadores venían reclamando desde tiempo atrás eran acogidas con cariño e ilusión. Nunca fue una dinámica perfecta, puesto que siempre estuvo mezclada con cantidades ingentes de marketing, pero sí era una que, a día de hoy, todavía no hemos encontrado manera de reemplazar.

La predominancia de los formatos estilo Nintendo Direct, en los que cada desarrolladora emite, periódicamente, una miniconferencia en la que pone al día a los usuarios de las últimas novedades en su catálogo, hace que, en general, los usuarios estemos más informados. La contraparte de esto es que las empresas tienen más control sobre su comunicación que nunca: controlan lo que se dice de ellas y cuándo, así como las expectativas, los impactos y la ausencia de ellos. Algo similar sucede con otros eventos, al estilo Summer Game Fest o The Game Awards, dirigidos y presentados por el experiodista Geoff Keighley: incluso si la expectación alrededor de ellos puede llegar a ser comparada, en algunas ocasiones, con la que en su día despertaba la feria de videojuegos por antonomasia, lo cierto es que la obsesión con el marketing, los impactos, la monetización y el espectáculo evitan que su relevancia pueda llegar a ser similar.

Como ya hemos mencionado antes, el E3 no era perfecto, pero sí era una rara alineación de factores. Un evento impulsado por la propia asociación de distribuidoras de videojuegos de Estados Unidos que generaba un contexto donde las empresas querían mostrar su mejor cara para atraer a la mayor cantidad de público posible. Un entorno que, al ser aceptado y abrazado por la mayoría de grandes nombres del medio, obligaba a todas ellas a emplearse al máximo para destacar frente a sus competidoras. Una feria que, si bien generaba ingresos en sí misma, buscaba un objetivo mayor: la promoción y expansión de los videojuegos como negocio y como bien cultural.

Sea como fuere, el E3 ya no volverá a ser. Con él murió una era con un notabilísimo impacto en la historia de los videojuegos. Si su desaparición sirve de algo, quizás sea para darnos cuenta de que la industria ha cambiado en grandes y notorias maneras desde el año 1995; y, con ello, sus necesidades son distintas. Aun así, su legado pervive. Tal vez no volveremos al Centro de Convenciones de Los Ángeles, ni física ni digitalmente, en una calurosa mañana de junio, con la ilusión de descubrir qué novedades y anuncios nos aguardan allí. Pero como industria que, en gran medida, se ha forjado dentro de ese recinto, olvidar el impacto de esas más de dos décadas será, también, imposible.

NO ESTÁBAMOS TAN LOCOS

Cómo el IndieDevDay pasó de ser un evento alternativo a que se nos fuera de las manos con más de diez mil asistentes.

Texto **Laura González Fernández** | Fotografía **Irene Kuroi**

Tomar decisiones es algo inherente a la vida. Siempre las separamos, por lo general, en grandes decisiones y cosas menos importantes, pero en lo que no reparamos es que la mayoría de esas pequeñas decisiones son las que hacen que nuestra vida dé un giro de ciento ochenta grados y cambie por completo nuestra realidad.

Si me paro a pensar en el impacto que ha tenido no sólo en mi vida, sino en la de muchos desarrolladores a nivel nacional, a veces me da un poco de vértigo. Una idea tan simple como que el desarrollo indie es una parte importante en el ecosistema de los videojuegos. Sobre cómo algo tan pequeño se ha convertido en una comunidad tan grande y potente que ha conseguido visibilizar, al menos, el increíble talento que rodea la creación de videojuegos en España.

Creo fervientemente que en la vida las cosas importantes siempre llegan sin avisar, por casualidad. Y el azar fue el que decidió allá por 2018, en una cafetería de barrio, sentada junto con unos cuantos desarrolladores de videojuegos bastante locos, que los videojuegos indies necesitaban un espacio para poder brillar por sí mismos, y que nosotros íbamos a crear ese espacio. Sin presupuesto, pero con muchas ganas de construir algo útil para la comunidad de desarrolladores y jugadores. Muy poca gente sabe de esa primera edición de un solo día en el antiguo Canódromo de Barcelona, de ahí que se llame IndieDevDay.

Así nació el primer evento, de una decisión pequeña, sin pretensiones, que luego con los años, y el apoyo de la comunidad, fue creciendo hasta lo que a día de hoy es el evento de videojuegos indies más grande de España. Me gustaría compartir un poco cómo fue el camino desde la primera edición, cómo crecimos, el precio que tuvimos que pagar por ello y cómo aún a día de hoy seguimos esforzándonos para sobrevivir juntos un año más.

Pero volvamos al principio, ¿cómo se consigue montar un evento de videojuegos independientes desde una perspectiva independiente siendo una asociación sin ánimo de lucro? En

primer lugar, invirtiendo mucho tiempo personal en hacer las cosas lo mejor posible; y en segundo lugar, siendo transparentes y, cómo no, teniendo suerte.

Sin duda, el IndieDevDay nació de una necesidad que existía en la industria del videojuego, pero fue la ejecución del proyecto, con unos valores claros y una meta, lo que hizo que la gente creyera en nuestra idea y la apoyara. Fue difícil que apoyaran nuestro proyecto durante los primeros años, con la necesidad de financiación como una de las mayores problemáticas. No es que a día de hoy ya no sea una de nuestras mayores preocupaciones, sino que hoy en día contamos con un historial de éxito que no teníamos en las primeras ediciones, lo que nos ayuda a poder conseguir mayor financiación pública y privada.

Somos una asociación sin ánimo de lucro, por lo que no buscamos el rédito económico, sino el impacto positivo tanto en los asistentes como en los profesionales a los que apoyamos. Ser una asociación conlleva que, básicamente, cada año empecemos con cero euros de presupuesto para poder hacer el evento. Para nosotros, cada nueva edición es una carrera contrarreloj para conseguir financiación y poder cubrir todas las necesidades.

Por ejemplo, el recinto en el que se hicieron las dos primeras ediciones era cedido gracias a la Generalitat de Catalunya mediante el gestor del espacio, pero había que cubrir, aun así, los alquileres de materiales como mesas, regletas o equipos de audio, además del personal obligatorio del recinto como limpieza o seguridad. Se intentaban reducir siempre los gastos al mínimo y todo el mundo ponía de su parte en la medida de lo posible. Algo que siempre me hace sonreír es recordar los primeros premios a los mejores juegos del evento: lo que dábamos eran latas de refresco con unos vinilos. Al año siguiente, pudimos imprimir unos diseños en una impresora 3D personal y poco a poco fueron evolucionando a lo que son a día de hoy. Aun así, seguimos haciéndolos nosotros mismos a mano, conservando ese espíritu "do it yourself" que permea en todo el evento desde su inicio.

Después de dos ediciones en el Canódromo sucedió, para mí, nuestro primer golpe de suerte –aunque en su día nos hizo temer muchísimo por la viabilidad del evento–. Allá por 2020, la pandemia asolaba el mundo y todos estábamos encerrados en nuestras casas con las plataformas de streaming o videollamadas como una conexión con el exterior. Podría haber sido la muerte del proyecto, ya que todo eran "reuniones físicas"... y eso era completamente imposible. Ante esto, tomamos la decisión de hacer esa edición desde nuestra casa: montamos una especie de estudio/espacio de trabajo en el salón mientras pensábamos cómo podíamos llevar la misma experiencia a algo más digital.

Creamos un espacio de showcase digital donde los estudios tenían su propia página para subir sus demos y cualquiera podía jugar de manera gratuita. Pregrabamos un montón de charlas para ir poniéndolas en directo desde nuestro canal de Twitch, e incluso hicimos algunas en directo para que la gente pudiera hacer preguntas. Al ser todo online, pudimos conocer a muchos profesionales que, por distancia física, no pudieron participar en otras ediciones. Así mismo, sin las limitaciones geográficas llegamos a muchísima más gente que nos conocía por primera vez, encontrando un lugar donde se sentían cómodos, donde podían acceder a un conocimiento de manera gratuita –que no era fácil en aquellos momentos– y donde se sentían representados.

Por suerte, la pandemia se acabó y poco a poco volvimos a la normalidad, aunque esta nunca fuera igual. En esta nueva realidad, tomamos la primera de las dos decisiones más difíciles que abordamos desde que comenzamos el proyecto: cambiar el recinto para poder crecer, primero, y tener un espacio más grande donde poder dar cabida a más estudios y actividades, segundo.

Así llegamos al recinto de Cotxeres de Sants. No teníamos muy claro cómo sería esta vuelta al físico, ya que las restricciones aún eran una problemática a solucionar, con distancias mínimas entre stands, tamaño de pasillos, limitaciones de aforo y un sinfín de medidas que nos generó más de un dolor de cabeza. Sin embargo, decidimos seguir adelante y hacer realidad una edición física pocas semanas después de levantarse las restricciones más duras.

Y aquí llegó nuestro segundo golpe de suerte: la recepción de nuestro evento en redes fue un "boom" que ni siquiera nosotros podríamos haber imaginado. La mayoría de la comunidad de desarrollo a nivel nacional no dejaba de tuitear sobre las ganas que tenía del evento, y un montón de profesionales nos escribía para participar dando charlas o para tener hueco en nuestro showcase.

Tuvimos que hacer, por primera vez, una selección de proyectos, ya que no teníamos espacio físico para que todos pudieran tener su stand. Intentamos ser lo más justos posible dando espacio a juegos variados e ideas que nos parecían útiles e interesantes. De nuevo, una gran parte de nuestro trabajo se basaba en conseguir financiación, pero, poco a poco, tanto las entidades públicas como privadas comenzaron a confiar en nosotros, lo que nos permitió cubrir los gastos básicos del evento –aunque de manera ajustada–. El evento fue un éxito con un ambiente increíble. Pero ¿por qué salió tan bien? Creo que no puedo decir exactamente qué hizo que la gente nos eligiera, pero sí tengo claro los puntos que hicieron que la comunidad creyera en nosotros.

"Comunidad" es una palabra que vas a leer continuamente a lo largo de todo este texto. Si hay algo que nos diferencia a nivel de evento, e incluso a nivel industria, es que somos una comunidad de desarrolladores. Siempre diré que es uno de nuestros puntos más importantes, y algo que siempre está en boca de la gente que vive la experiencia IndieDevDay, tanto a nivel local como los desarrolladores internacionales.

Somos transparentes, nuestros ideales están claros e intentamos siempre facilitar todo el proceso a los profesionales que vienen a nuestro evento. Siempre hemos querido que IndieDevDay sea un espacio lo más seguro posible: el punto lila es algo obligatorio desde nuestros inicios, y aunque por suerte no hemos tenido nunca que hacer uso de él, nos ayuda mucho a visibilizar lo que queremos que sea un ambiente agradable donde cualquier persona pueda sentirse bienvenida. Siempre recordaré el comentario que me hizo mucha gente diciendo que era el evento de videojuegos con más banderas diferentes LGBTIQ+ que habían visto, y todas estaban puestas en los stands profesionales, no era parte de decoración ni nada similar por parte de la dirección. Puede parecer una tontería, pero en un sector tan masculinizado como son los videojuegos, que esas personas se sientan tan cómodas como para poder expresarse con libertad es muy importante.

¿Cómo se consiguen crear estos espacios seguros? En nuestro caso, no es sólo escuchando a estos colectivos, sino trabajando directamente con asociaciones como FemDevs o La Madriguera, comunidades que pueden ver más allá y ayudarte a cubrir necesidades que muchas veces no se tienen en cuenta. También nuestro equipo es muy diverso, y eso es una gran ventaja porque podemos abordar las mismas cuestiones desde varios puntos de vista diferentes.

Algo fundamental es la accesibilidad. Dentro de nuestras posibilidades, intentamos que nuestro evento sea 100 % accesible, pero los recintos limitan mucho hasta dónde podemos llegar en este tema. Colaborar con la ONCE, para visibilizar el proyecto *Ga11y*, no sólo nos ha ayudado a mejorar en este aspecto, sino que también aprendimos muchísimo sobre cómo ofrecer una mejor experiencia para todo el mundo. Aun así, todavía nos queda un gran camino por recorrer; y hemos cometido errores, pero intentamos siempre hacerlo lo mejor posible.

Durante ese primer año en Cotxeres de Sants nació lo que hemos denominado "La celebración de lo indie". La comunidad se volcó completamente con nosotros no sólo con su asistencia, sino con todo lo que rodeaba al evento. Desde ayudarnos a montar las mesas, recoger o mover mobiliario, hasta formar grupos en redes sociales donde la gente ofrecía espacio en coches para venir, sofás para los desarrolladores con pocos recursos, se hacían grupos para ir a visitar la feria, etc... De nuevo, fue la comunidad la que se unió y nos eligió como punto de encuentro para disfrutar de los videojuegos indies tanto a nivel profesional como a nivel personal.

Esta respuesta por parte de la comunidad fue la que hizo que un segundo jugador se uniera a nuestra partida. Devolver Digital creyó en nosotros y nos dio apoyo. Esto fue algo increíble no sólo a nivel personal –porque me gustaba mucho la mayoría de lo que publicaba como publisher–, sino que su aire punk encaja 100 % con nosotros. Tener a una marca tan importante en el desarrollo indie que nos respaldara hizo que mucha otra gente empezara a fijarse en nosotros y quisiera participar. Crecimos en impacto social en redes y, sobre todo, a ojos de instituciones públicas y privadas.

Este segundo año tiramos la casa por la ventana: hicimos una zona chill donde organizamos conciertos, teníamos comida, unas tres actividades simultáneas durante todo el fin de semana, invitados internacionales e incluso por primera vez merchandising del evento para que se pudieran llevar un recuerdo de nosotros. Crecimos mucho en contenidos, y eso se notó en la subida de afluencia de asistentes.

Aunque el crecimiento en personas también conllevaba que sería más difícil que la gente interactuara entre ella. Los estudiantes o profesionales que entraban en el sector se encontraban aún desamparados si no tenían un carácter abierto que les permitiera socializar con desconocidos. ¿Qué podíamos hacer para solventar esto?

Con los pequeños eventos que íbamos haciendo alrededor del IndieDevDay, empezamos a testear dinámicas de grupo donde podíamos probar "ice breakers". La meta: que la gente nueva en este sector pudiera interactuar con profesionales más veteranos. De esta experiencia nació el álbum de cromos. Ni nosotros mismos esperábamos el increíble recibimiento que tuvo: queríamos que fuera algo tangible que pudieran tener, hacer un guiño al ambiente "retro", y ayudar a que la gente se animara a probar más juegos. El álbum era de pago para poder costear el precio de impresión, pero los cromos eran totalmente gratuitos y los conseguías jugando a los juegos que se presentaban en nuestro evento. Podría contaros miles de anécdotas que me han pasado sobre los cromos o cómo se descubrió el codiciado primer cromo secreto –que se esconde siempre tras un huevo de pascua en un álbum–, pero la que más me llegó al corazón es la de una familia que, gracias a coleccionar los cromos, pudo reconectar con su hija, ya que fue un punto en común entre dos generaciones muy diferentes. Otra de nuestras iniciativas fue crear una pequeña app para poner los horarios del evento y minijuegos con guiños a desarrollos que habían pasado por nuestras ediciones, que con el paso de los años ha ido evolucionando a una companion app.

El segundo año de Cotxeres fue una explosion de asistentes: estuvimos a punto de tener que cerrar puertas por límite de aforo, ya que habíamos copado todo el espacio posible del recinto, incluyendo los edificios anexos y patios. Había llegado el momento, de nuevo, de la segunda decisión difícil: movernos a un recinto más grande.

Fueron meses muy duros de búsqueda de espacio y financiación. Teníamos unos números muy buenos de asistencia, pero cambiar a un recinto más grande triplicaba el gasto que habíamos tenido hasta ahora sólo en pagar el recinto. Después de miles de reuniones, tanto con el ámbito privado como el público, decidimos arriesgarnos y mudarnos a la La Farga L'Hospitalet. Este sitio era el que más nos encajaba por tamaño y creíamos que podríamos ajustarnos para que cupiera en el presupuesto. Aunque no las teníamos todas con nosotros, fue más bien un salto a una piscina sin saber muy bien cómo de profunda era el agua. La gran ayuda por parte del departamento de cultura de la Generalitat y el Ministerio

de Cultura siempre fue un punto clave, ya que nos permitió optar a ayudas que hicieron posible este salto en espacio para el IndieDevDay.

Este año queríamos que todo fuera mejor: más estudios, más espacio, más charlas y más Indie, con lo que el trabajo se triplicó. Como años anteriores, nacieron nuevas iniciativas, como el Talent Dev Day, un espacio donde se podían hacer entrevistas y todo estaba volcado en que estudiantes y profesionales pudieran encontrar trabajo. También mejoramos la zona de business con la plataforma MeetToMatch, trajimos un montón de conferencias internacionales e incluso creamos un intercambio de videojuegos entre países dando espacio a la delegación de Portugal. Pero ¿cuánto personal necesitamos para gestionar todo esto no sólo a nivel organizativo presencial, sino en el previo que nos haría llegar hasta este punto?

Aquí de nuevo tuvimos que tomar la decisión de cómo podríamos solventar esta falta clara de personal. En un inicio, IndieDevDay se organizaba de manera colaborativa por tres pilares: ICOA, Atomic Pixel Party y Nape Games. Este último fue el primero en desligarse del evento, ya que su estudio creció y no podía dedicarle apenas tiempo a la organización del IndieDevDay. Algo similar le pasó a Atomic Pixel Party: sus fiestas y proyectos paralelos también crecieron mucho, y aunque podían ayudar presencialmente en la organización preevento, no podían aportar todo lo que querían, lo que nos dejó sólo a ICOA como gestor de todo. En la primera edición, el equipo era de unas cinco personas, mientras que esta última edición (2023) pasamos a ser sólo cuatro personas, que tenían su propio trabajo asalariado –que les permitía comer– y todo su tiempo libre lo volcaban en este proyecto.

¿Recordáis lo que comenté al principio de las casualidades? De nuevo, estas crearon el momento propicio para que Dani y yo, quienes estábamos desde el principio en este proyecto, pudiéramos dedicar el 100 % de nuestro tiempo a preparar el IndieDevDay. Incluso a día de hoy, podemos decir que el equipo poco a poco va creciendo y ya somos seis personas dedicadas a este proyecto, en mayor o menor medida. Pero volvamos a la primera edición en la Farga: seguíamos con la problemática de ser un espacio demasiado grande que no podíamos gestionar con el equipo actual y, por primera vez, abrimos la convocatoria a voluntariado. Fue una decisión difícil, ya que no podíamos asumir la gestión de tantas personas, así que creamos un sistema que, al menos, los

beneficiara lo máximo posible participando en la feria. Y en ese grito de ayuda, una de las asociaciones que respondió y marcaría una diferencia fue MalagaJam. Pusieron todo de su parte para que el evento saliera lo mejor posible y nos ayudaron en momentos críticos como la apertura de puertas. Gracias a todas esas personas que cedieron su tiempo libre para darnos una mano, pudimos seguir adelante.

Y así se gestó esta última edición: doce mil asistentes, más de ciento noventa juegos que poder disfrutar, más de cuarenta y cinco editoras con las que poder hacer negocio, charlas en varios idiomas e incluso un "Tinder de videojuegos", donde podías encontrar esos juegos que siempre habías querido probar, pero no sabías que existían.

¿Qué nos deparará el futuro para IndieDevDay? La verdad, no tengo ni idea, pero aquí seguiremos intentando hacerlo lo mejor posible. Sin duda, cabe decir que todo esto es posible gracias a vosotros y al trabajo de muchas personas remando en una dirección común, queriendo crecer juntos, siendo una comunidad increíble y creando unidos la celebración de lo indie. Gracias por haber creído en nosotros y en IndieDevDay

¿MERECE LA PENA IR A TIENDAS?

Colocar una revista o libro en una tienda parece un gesto sencillo, pero la realidad es que hay una cadena que no siempre funciona. Por este motivo, la venta directa está siendo la tabla de salvación de muchas editoriales.

Texto **Juan Tejerina**

El mundo editorial es, en realidad, un mundo apasionante. A día de hoy, eso de "pagar por leer" artículos de corte periodístico no se lleva nada. Asumimos que este estilo debe ser, en el mejor de los casos, gratis.

Pagamos con gusto un nuevo manga, un cómic o una novela de alguno de nuestros autores fetiches. Tenemos asumidos esos diez euritos de media para un manga de pequeñas dimensiones e impreso en blanco y negro. También estamos dispuestos a soltar un poquito más cuando la edición es más grande y tiene alguna que otra página a color. Sin embargo, si hablamos de revistas como la que tienes en tus manos, el valor percibido cambia por completo. Todo se nos antoja "caro", ¿verdad?

Podríamos divagar en torno a los motivos por los cuales nos cuesta más pagar por una revista que por cualquier otro producto editorial. Podríamos, incluso, tratar de entender cómo puede ser posible que nos duela menos pagar diez euros por un póster que por doscientas páginas redactadas, maquetadas, editadas y encuadernadas con todo el amor del mundo; pero, posiblemente, las conclusiones serían descorazonadoras.

En su lugar, lo que quiero hacer es abrirte las puertas de lo que supone estar a la venta en un comercio. Hoy, que nos dicen que las tiendas están agonizando, es un buen momento para descubrir qué implica –para los que ofrecemos nuestros productos– estar en las estanterías de una tienda. Porque estoy seguro de que no es como te lo imaginas.

¿Cuántas revistas como esta –o *GTM*, en nuestro caso– crees que se pueden llegar a distribuir por toda España? ¿Y vender? Porque una cosa es distribuir, y otra es vender. Seguro que piensas en "miles", ¡porque no será por habitantes que hay en nuestro país! Pues lamento decepcionarte, pero no es así. Y en todo ello intervienen muchos factores que te invito a descubrir a lo largo de estas páginas.

En primer lugar, tienes que decidir querer llegar a una tienda. Tienes un producto y crees que si estuviese disponible en librerías, la gente le va a dar una oportunidad. Ahí es cuando descubres que, para llegar a una tienda, no tienes que hablar con la tienda, ya que estas no hablan –por norma general– con la editorial. En su lugar, aparece una figura conocida como "distribuidora", un ente que sirve como enlace entre los comercios y, en este caso, las editoriales. Tiene todo el sentido del mundo, ya que, de este modo, las editoriales tan sólo tenemos que hablar con la distribuidora (en lugar de con las infinitas tiendas y librerías de España) y, a su vez, las librerías sólo tienen que hablar con un número determinado de distribuidoras para tener acceso a un catálogo editorial inabarcable.

Estas compañías se encargan de conformar catálogos con todas las novedades disponibles, hacérselos llegar a las tiendas y recabar sus pedidos para transportarlos. A fin de cuentas, "Librería Corrochano" es posible que tan sólo quiera una revista. Pero dado que también querrá unos cuantos libros de otras editoriales, esto conforma, al final, un pedido del volumen necesario como para que la distribuidora lo lleve

"Con el tiempo, las tiendas han decidido convertirse en puntos de recogida y no en lugares de descubrimiento"

hasta su tienda. Sin embargo, si a la editorial le pides sólo una revista, es muy posible que no sea rentable con tan sólo el coste de envío desde la editorial hasta el punto de venta. Gracias a las distribuidoras, las editoriales ponemos en sus almacenes un número de stock que ellos se encargan de gestionar. Ahora bien, cuando entra en juego esta figura, también comienzan las conversaciones de "márgenes".

Ya hemos hablado con anterioridad de cifras en esta serie de artículos dedicados al mundo editorial y los videojuegos (en los números once y doce de *Manual*, para ser exactos). Por este motivo, vamos a traer de nuevo un ejemplo muy sencillo de entender para poner las cartas sobre la mesa.

Por norma general, una distribuidora se queda con el 50 % del precio de venta al público (conocido como PVP) del libro o revista. Esto quiere decir que, por cada revista vendida, la editorial recibe un 50 % de su precio de venta. El otro 50 % se reparte entre la distribuidora y la tienda en cuestión. Sin embargo, cuando hablamos de grandes superficies, estos márgenes cambian: si quieres vender tu libro en grandes comercios, la distribuidora se queda con un 55 % que repartirá de igual forma. Como puedes imaginar, los grandes comercios piden mayores márgenes.

Sin embargo, la editorial sólo cobra por libro o revista vendida. No ocurre igual con los costes de producción, ya que ninguna imprenta del planeta acepta cobrar por libro vendido. Las imprentas cobran, como es lógico, por libro impreso. Y, por si te lo preguntas, no cuesta lo mismo imprimir un libro que diez mil. Con lo que las editoriales debemos apuntar siempre a volúmenes de producción que superen las mil unidades para que el coste unitario de cada libro sea, por decirlo de algún modo, lógico.

Con este escenario tenemos, por un lado, una editorial que tiene que pagar la producción íntegra de unos mil libros. Por otro lado, tenemos a un entramado de distribuidoras y tiendas que se quedarán con una cifra de entre el 50 % y el 55 % del PVP de cada uno de estos libros. Con el 45 % o 50 % restante, la editorial tiene que ser capaz de afrontar los costes de producción, cubrir las regalías del autor y, además, generar un beneficio para la propia editorial. Es decir, en un hipotético caso de éxito en el que se imprimen mil libros cuyo PVP es de veinte euros, se habrá generado una facturación de veinte mil euros. De esos veinte mil euros, la editorial recibirá entre nueve mil y diez mil euros. Con esa cantidad, la editorial debe ser capaz de recuperar los costes

de impresión, pagar a sus autores y generar un beneficio que contribuya a que esta pueda continuar pagando sus nóminas.

¿Y qué pasa si se imprimen esos mil libros, pero sólo se venden cien? Pues lo que ocurre es que hay novecientos libros siendo manoseados en tiendas hasta que deciden que molestan y son devueltos a la editorial. En ese caso, la distribuidora le devuelve esos novecientos libros a la editorial, siendo esta última la responsable de cubrir los costes del transporte. En este caso, la imprenta habrá cobrado por su trabajo y ni la tienda ni la distribuidora pagarán por libros que no han sido vendidos, con lo que el varapalo llega íntegro para la editorial. O lo que es lo mismo: si al producto le va bien, ganamos todos, pero si le va mal, el perdedor está claro. Por ende, la mayor parte del riesgo recae sobre una figura muy concreta.

Y ahora te estarás preguntando: ¿merece la pena? La respuesta es que no, por supuesto. Porque cuando llegas a una tienda, por mucho que tu producto sea el niño de tus ojos, no dejas de ser uno más. Y cuando llegan dos o tres de tus revistas y doscientas unidades de lo nuevo de Sanderson, la prioridad está clara para cualquier librería: esos doscientos libros pasan a ocupar un lugar destacado y tu revistucha acaba olvidada en algún estante al que nadie se va a asomar. Cuando pasa el tiempo, la tienda se da cuenta de que nadie se ha asomado a ese estante y acaba devolviéndote al niño de tus ojos. Y te lo devuelve porque, te dice, no se vende. Porque es feo y huele mal. Y no porque no se le haya dado ningún cariño desde la tienda, claro.

Con el tiempo, las tiendas han decidido convertirse en puntos de recogida y no en lugares de descubrimiento. Y eso significa que lo único que esperan de sus compradores es que lleguen hasta sus instalaciones con la decisión tomada. Saben que ese cliente que entra por la puerta viene buscando lo último de Sanderson. Porque es un autor muy conocido, porque tiene los medios para publicitarse y porque detrás hay una gran editorial. Con lo que, como tiendas, se limitan a poner tales libros bien a la vista para que el cliente no tarde en encontrarlos. Sin embargo, eso va en contra de las publicaciones que no tienen grandes colchones económicos a sus espaldas. Si esperamos que el cliente venga con la decisión tomada, ¿qué pasa con los productos que confían en las tiendas como puntos de descubrimiento? Pues pasa lo que ya sabes: que el que quiera descubrir algo va a tener que asomarse a las profundidades del estante más remoto de la tienda. ¡Ni Indiana Jones!

Con este escenario, naturalmente, cada vez es más difícil plantearse llegar a tiendas. Los comercios quieren emular a Amazon: quieren que los clientes lleguen con la compra clara, pero no se dan cuenta de que, para eso, ya está Amazon –que, además, no te pide ni salir de tu casa–. Mientras las tiendas sigan empeñadas en ser como el gigante digital, el tiempo seguirá corriendo en su contra. Si en algún momento llegan a entender que deben transformarse en puntos de descubrimiento a los que acudir con la emoción de no saber con qué te vas a encontrar, es muy posible que consigan repuntar. Para ello, tendrán que estudiar qué productos venden. Tendrán que ser capaces de atender a sus clientes, establecer conversación con ellos y aconsejarles productos que no conocen. Descubrirles novedades que ignoraban. Convertirse, a ojos de sus clientes, en lugares en los que se produzcan encuentros inesperados.

A día de hoy, esto es una utopía inalcanzable. Las tiendas confían en ser una especie de puntos de recogida, por lo que aquellos que quieran vender sus productos en sus instalaciones deben aceptar un peaje del 55 % del PVP. Pero es que aún hay más: las propias tiendas cobran a los vendedores por "visibilizar" sus productos. Ya puedes tener el mejor libro del mundo en tu catálogo que, si no estás dispuesto a pagar el dineral que cuesta estar en el mostrador, quedarás relegado al olvido.

Este dato recién comentado es otro que el consumidor de a pie desconoce y es muy interesante. Cada vez que entras en una tienda y ves detrás de las cajas de pago una serie de libros o videojuegos colocados de manera estratégica, esto no es por decisión del propio comercio al considerar que eso es lo más atractivo –que también–, sino porque es probable que esa editorial, ya sea de libros o videojuegos, haya pagado por estar ahí. A su vez, sucede igual con los diferentes carteles repartidos por la tienda, así como los cartones que cubren los arcos de seguridad, folletos y un largo etcétera de elementos, a cada cual más imperceptible en ocasiones, por los que se ha tenido que desembolsar una cantidad concreta.

Se da una paradoja, con este movimiento, que no deja de ser curiosa a ojos del foráneo del sector, pero que está totalmente implantada y asimilada dentro del draconiano circuito comercial: llevamos nuestros libros a una tienda para vender –con el comercio logrando su respectivo porcentaje, como es lógico–, pero también tenemos que pagar para que existan más posibilidades de venta –y puede que no recuperemos, incluso, ni la inversión realizada en esa promoción–. La tienda, sin embargo, no sólo va a ganar por esa visibilidad, sino también, como hemos dicho, por cada copia vendida. El resultado es simple: en su caso, cero riesgo y siempre vence –en lo que respecta al producto, mucho cuidado con este detalle–; en el nuestro, en cambio, puede suponer nuestra ruina. Y recordemos el punto más importante de todos: sin autores y editoriales no hay libros, y sin libros no hay tiendas ni, por supuesto, distribuidoras. Algo falla en la cadena.

Así que, ¿para qué intentarlo? ¿Por qué renunciar a un 55 % de serie y encima pagar para que te ponga a la vista, al margen de la calidad de lo que ofrezcas? Hoy, gracias al comercio online, las pequeñas editoriales podemos vender nuestros productos a través de nuestras páginas, lo que está siendo la salvación para muchas –y no es casualidad que algunas ya se nieguen en rotundo a dar sus libros a distribuidoras o ir a tiendas–. Gracias a ello, no tenemos que perder ese 55 % del PVP ni tenemos que pagar seis mil euros por cubrir los arcos de las alarmas del lugar. En su lugar, podemos mejorar la comunicación con nuestros clientes o podemos invertir ese dinero en cuidar más nuestras ediciones. A fin de cuentas, si no vas a perder la mitad ni a derrochar miles de euros en colocar pósteres de tu libro, puedes invertir más en hacer un mejor producto sin que su precio se vea afectado, ¿verdad?

AZUL HISTORIA

EL LIBRO DEFINITIVO DE SONIC

EDICIÓN LIMITADA
PVP: 39,99€

EDICIÓN **LIMITADA NUMERADA**

SOBRECUBIERTAS EN **PAPEL DE ORO**

TRES LITOGRAFÍAS **EXCLUSIVAS**

CERTIFICADO DE EDICIÓN NUMERADA

MEDALLÓN DEL CAOS
(METAL ESMALTADO DE 60 MM. CON ESMALTE TRASLÚCIDO)

O O O

 **¡DISPONIBLE EN WWW.GTM-STORE.COM!**

La importancia de la preservación

Texto **Ramón Méndez**

Corría el año 1994 y la guerra de consolas estaba por todo lo alto. SEGA y Nintendo perseveraban en dominar el mercado, con una guerra en Japón que estaba ganando Nintendo, una cruenta disputa en Estados Unidos –en la que SEGA parecía tener ventaja–, y un frente europeo que parecía ganar SEGA, pero aún era un mercado mucho menos importante que los otros dos y apenas acaparaba miradas. Pese a todo, muchas empresas consideraban que había hueco para más invitadas, tal y como demostraba una Atari que quería recuperar la hegemonía perdida con el lanzamiento de su Jaguar en noviembre de 1993 en el mercado norteamericano.

La llegada de dicho hardware hizo saltar todas las alarmas en SEGA of America, ya que les preocupaba ver máquinas más potentes que hicieran parecer anticuada a su Genesis. Por su parte, SEGA of Japan estaba centrada en el desarrollo de una máquina de 32-bits completamente nueva que usaría el CD-ROM como formato, en vez del antiguo cartucho. La máquina tenía su lanzamiento previsto para noviembre de 1994 en Japón y no llegaría hasta un año después a Norteamérica, pero SEGA of America no estaba convencida del todo: no sólo acabarían adelantando el lanzamiento de Saturn a mediados de 1995, sino que se empeñaron en que sería buena idea crear un accesorio que potenciase Genesis/Mega Drive. La idea era que la base de usuarios de la consola de 16-bits era muy amplia y la marca era muy fuerte, así que el cambio de plataforma era mucho pedirle a un público que, por aquel entonces, aún no entendía los cambios de generación.

Fue así como se dio inicio al proyecto Mars, un accesorio que se introducía en la ranura de cartuchos normal de Mega Drive y permitía la ejecución de títulos más potentes, propios de máquinas de 16-bits. De este modo, tal y como definían desde las campañas de marketing, los usuarios de Mega Drive que no pudiesen permitirse una Saturn podrían adquirir ese dispositivo para dar el salto sin un coste muy elevado. Aquel dispositivo se acabaría conociendo como 32X y acabaría sucumbiendo enseguida, así como siendo muy parodiado en décadas posteriores. Aunque tendría juegos bastante interesantes en su catálogo, no fueron muy numerosos y las ventas no acompañaron. La mala experiencia con Mega-CD –otro dispositivo para Mega Drive que permitía usar juegos en disco–, el que hubiese otra máquina de SEGA en el mercado más potente (con todas las dudas que eso generaba al usuario, que no entendía bien la estrategia) y el éxito arrollador e inesperado de la PlayStation de Sony provocaron que 32X no alcanzase los dos años de vida.

No obstante, fue un dispositivo que pasó a la historia de los videojuegos por lo que representaba y por la hazaña técnica que suponía. De hecho, SEGA se lo tomaba tan en serio que incluso se llegó a diseñar una máquina, SEGA Neptune, que fusionaría dentro de la propia placa base Mega Drive y 32X, para evitar al usuario toda la parafernalia de cables y compatibilidades. La consola estaba casi lista para salir y parecía ser, según la prensa de la época, una máquina muy interesante; no obstante, se canceló debido a que podría confundir aún más al usuario al tener también Saturn en el mercado.

Y es ahí donde entra la importancia de la preservación. La industria del videojuego es relativamente joven (cada vez menos), pero ya tiene abundantes productos de hardware y de software como para narrar una buena historia. Por desgracia, algunos productos caen en el olvido, se pierden o desaparecen en almacenes olvidados sin que nadie haga nada por darles el lugar que se merecen en un museo. Por suerte, de un tiempo a esta parte, son cada vez más las fundaciones, organismos, museos y asociaciones que se preocupan por la preservación y la necesidad de recuperar esos materiales para que no caigan en el olvido, y que así las futuras generaciones puedan conocer sus historias, sus aciertos y sus errores.

SEGA Neptune, a pesar de ser una consola desconocida al no haber visto la luz de manera oficial, es una máquina que despierta mucho el interés de estas comunidades, de ahí que haya proyectos que aspiran a reconstruirla de la forma más fidedigna posible y darle una nueva vida. La Fundación Museo do Videoxogo de Galicia acaba de desvelar recientemente su prototipo de Project Neptune, cuyo objetivo final es tener una máquina que replique la original y con todas sus funcionalidades. Aún están trabajando en ello y, de momento, sólo han mostrado un prototipo de la consola, pero es un trabajo de conservación espectacular que debería concienciarnos de la importancia de que piezas históricas como esta no caigan en el olvido. Un proyecto que no debe ser sólo digno de ser seguido de cerca, sino que debe ser inspirador para luchar por la historia de una industria que, en ocasiones, se aprecia demasiado poco a sí misma.

Ubisoft

NIVEL 03

HABLAR DEL PASADO

Escribir la historia del videojuego no es tarea fácil.

Texto **Alberto Venegas Ramos** | Ilustración **Jack Brookes**

Escribir la historia del videojuego resulta cada día más difícil. Puede parecer paradójico, ya que, al fin y al cabo, es un medio relativamente reciente; sin embargo, relatar su pasado es una práctica, en muchas ocasiones, abocada al fracaso. Su naturaleza digital, la velocidad de la industria, el crecimiento exponencial de los lanzamientos, la sucesión de "remakes", "remaster", etc., la obsolescencia del hardware necesario para ejecutarlos y la falta de medios para conservarlos se unen para lastrar la investigación y crear un escenario donde la ausencia de fuentes, la inexistencia de información contrastada acerca del desarrollo de los títulos, la falta de bases de datos y la volatilidad de los enlaces y sitios web donde encontrar la información es la norma. Por todo ello, escribir la historia del videojuego resulta cada día más difícil; y también por todo ello, y por cada día que pasa, el patrimonio que conservamos acerca de este medio es más pequeño.

Desde la profesión de historiador, la línea de trabajo más infrarrepresentada en los estudios dedicados al videojuego es la del propio estudio de la evolución del medio. La mayoría de los trabajos que podemos encontrar en las bibliotecas están planteados desde una perspectiva periodística. Aunque algunos de ellos son realmente provechosos, como el publicado por Tristan Donovan en 2010, *Replay: la historia del videojuego*, estos no disponen de un aparato de referencias donde contrastar la información ni, tampoco, de un contexto social, económico y político profundo que dé sentido a la investigación dentro de su espacio y su tiempo.

El videojuego entendido como fuente histórica es hoy una herramienta ineludible para interpretar y criticar nuestro pasado más reciente. Yo mismo he tratado este mismo tema en algunas de mis publicaciones, como el artículo *Memoria lúdica: el videojuego como fuente para la historia*, publicado en 2022 por la Universidad de Barcelona, donde intentaba recoger todos los videojuegos o menciones hechas por el medio a la invasión rusa de Ucrania, investigación en la que me topé con todos estos problemas, para tratar de arrojar luz sobre el auge del nacionalismo digital. En esta misma línea han surgido estudios de especial relevancia, aunque enmarca-

dos en obras generales sobre China como *The Chinese Video Game Industry* (2024), coordinado por Chen, McAllister y Ruggill; sobre el Sur Global, *Video games and the Global South* (2019), por Penix-Tadsen; o sobre Europa, *Perspectives on the European Videogame* (2021), por Navarro-Remesal y Pérez-Latorre, por ejemplo. Cada una de estas obras dedica uno o varios capítulos al estudio de la historia del videojuego en China, los países del Sur Global o Europa, dedicando un especial esfuerzo a enmarcar y contextualizar los videojuegos nacidos en estos mismos lugares.

Trabajos dedicados en exclusiva a la historia social o cultural del videojuego no existen muchos, aunque podemos encontrar algunos ejemplos valiosos como, por ejemplo, el publicado por Jaroslav Švelch, *Gaming the Iron Curtain: How Teenagers and Amateurs in Communist Czechoslovakia Claimed the Medium of Computer Games* (2018). De hecho, en los dos primeros párrafos de este libro, escritos por los directores de la colección a la que pertenece, los profesores Henry Lowood y Raiford Guins, se resalta este aspecto manifestando la idea nuclear de aquello que debe guiar el estudio del videojuego como objeto histórico.

"Las historias de los juegos pueden ofrecernos información no sólo sobre los propios juegos, sino también sobre las personas que los juegan y diseñan. Creemos que las respuestas más interesantes a esta pregunta tendrán dos cuestiones ligadas. Primera, los autores de historias de videojuegos podrán plantear grandes preguntas. Por ejemplo, ¿cómo cambia la jugabilidad y el diseño? ¿De qué manera está influenciado dicho cambio por factores sociales, culturales y otros? ¿Cómo cambian los juegos cuando se trasladan de un contexto cultural o histórico a otro? Este tipo de preguntas establece conexiones con otras áreas de estudios del videojuego, así como con la historia, los estudios culturales y los estudios tecnológicos", destaca el primer párrafo.

"La segunda cuestión que buscamos en las historias de videojuegos es una amplia y diversa mezcla de cualidades descritas parcialmente por términos como diversidad, inclusión e ironía. Las historias con estas cualidades ofrecen una interacción de intenciones, usuarios, tecnologías, materiales, lugares y mercados. Formular grandes preguntas y responderlas de manera creativa e ingeniosa nos parece la mejor manera de alcanzar el objetivo no de una historia general aislada de los juegos, sino más bien de un conjunto de historias de juegos que conectarán los estudios de videojuegos con una amplia gama de campos. El primer paso, por supuesto, es producir esas historias", puntualiza el segundo párrafo.

Por supuesto, producir esas historias sigue resultando, a día de hoy, muy complejo. Siguiendo la línea marcada por los puntos descritos en estos párrafos, han ido apareciendo distintos trabajos como el firmado por Alan Meades en 2022, quien estudia, desde la perspectiva de la historia social, los salones y máquinas recreativas de Inglaterra desde la década de 1980 hasta el presente. Aunque el esfuerzo más relevante en esta dirección lo está haciendo el grupo de trabajo europeo afincado en la Universidad de Zurich y liderado por Eugen Pfister: *CH Ludens: Swiss History of Digital Games, Play and Game Design 1968-2000*. Este equipo de investigadores, formado por más de veinte miembros pertenecientes a las distintas universidades suizas, se encuentra inmerso en la investigación y publicación de resultados que iluminen, desde la historia cultural, social y de las ideas, el pasado del videojuego suizo en relación con la sociedad en la que nació y creció.

Esta es la tendencia que sigue otra de las obras referenciales de este campo: el libro de Michael Z. Newman, *Atari Age: The Emergence of Video Games in America* (2017). En la introducción, el propio autor se lamenta de la ausencia de trabajos sobre historia del videojuego que existen publicados con una perspectiva social y cultural, es decir, integrando al medio en el contexto del que surgen: los nuevos medios. La intención de la obra es explicar el surgimiento del videojuego y su consolidación como medio de expresión cultural y también fuente de ocio y diversión durante la década de 1970 en Estados Unidos. Sin embargo, Newman, el autor, choca con uno de los principales problemas a los que deberá enfrentarse cualquier historiador que aborde esta cuestión, y que ya citamos al comienzo del artículo: el acceso a las fuentes. Los videojuegos por sí mismos no son suficientes para escribir una historia del videojuego, ya que "no nos dicen todo lo que quisiéramos saber". "Los significados y las ideas en torno a un medio", dice Newman, "son discursivos: circulan en muchos lugares como formas de conocimiento ampliamente

compartidas. El conocimiento sobre los videojuegos proviene de los juegos como objetos materiales, pero también de una amplia gama de discursos en los que los juegos se discuten, se debaten, se promueven, se denigran –tal vez– o se celebran; en términos más generales, se representan como objetos y experiencias con posibilidades particulares para usuarios particulares. Las fuentes de conocimiento sobre videojuegos de las que se ha extraído este libro incluyen materiales producidos por la propia empresa, como envases y catálogos, y textos publicitarios y promocionales como anuncios de televisión".

Las fuentes y la conservación de los medios digitales es una preocupación creciente dentro de los estudiosos de los nuevos medios, como el videojuego. La digitalización de medios tradicionales como la pintura o la literatura pueden ejecutarse, sin modificaciones, en numerosas plataformas diferentes y con una enorme variedad de programas de software; en cambio, el videojuego necesita de un dispositivo concreto: videoconsola, ordenador, etc., por lo que si quiere ser ejecutado en otra plataforma diferente, deberá ser emulado y perderá así buena parte de sus elementos originales, según Wolfgang Ernst, teórico especialista en el archivo digital.

"La digitalización de formas artísticas monomediáticas (vídeo analógico, por ejemplo, música electrónica clásica o cintas) con fines de archivo es una cosa. El arte de los medios digitales nativos es otra. Aún no se ha desarrollado un lenguaje artístico y de archivo para las obras de arte digitalizadas en red", indica. "Por el momento, sólo existen los dispositivos tecnológicos. Hay pocas formas de archivar las obras procesuales, porque el museo de arte no tiene nada que ofrecer a modo de modelo aquí".

Este problema preocupa a los interesados por la conservación de la cultura digital desde el comienzo de la informática. Recientemente, un estudio dirigido por The Video Game History Foundation anunciaba que el 87 % de los videojuegos publicados antes de 2010 están en serio peligro de desaparecer para siempre. La razón es la misma que hemos citado unas líneas más atrás: la dificultad de ejecutar videojuegos de plataformas obsoletas en nuevas plataformas.

Según el autor del estudio, Phil Salvador, "reeditar un juego en una nueva plataforma no es un proceso fácil ni automático". "Los juegos están diseñados para plataformas específicas con arquitecturas de sistema, requisitos de software y carac-

terísticas de hardware únicos, lo que les impide ser inmediatamente compatibles con otras plataformas. En particular, en el caso de títulos más antiguos que se diseñaron antes de que el hardware del juego se estandarizara, volver a publicar un juego requiere modificarlo o rediseñarlo", recalca.

"Como ejemplo, el juego de disparos en primera persona *Doom*, de 1993, se lanzó para casi todas las consolas de videojuegos domésticas en la década de 1990; sin embargo, cada versión del juego tuvo que ser reelaborada según las especificaciones técnicas únicas de cada consola y, como resultado, difieren significativamente en contenido y presentación. *Doom* era un juego excepcionalmente popular, lo que quizás justificaba los recursos necesarios para lanzarlo en tantas plataformas. La mayoría de los juegos son menos populares que *Doom* en la cima de su popularidad y no pueden justificar ese nivel de atención", finaliza.

El acceso a las fuentes y el problema del archivo es un obstáculo cada vez más acuciante para el estudio histórico del videojuego. La desaparición de software, una vez que el hardware que los ejecutaba ha quedado obsoleto, ha sido un fenómeno que ha sucedido con relativa frecuencia en las últimas décadas. La sucesión de diferentes formas de almacenamiento y reproducción de contenido digital ha obligado a iniciar una carrera por conservar todo aquello merecedor de ser conservado. Debemos tener en cuenta que Internet no es un archivo; como dice Wolfgang Ernst, "Internet es, de hecho, una colección o conjunto. El material primario –fuentes clásicas en el sentido de documentos de archivo– se encuentra cada vez más en la red. Pero, como en el caso de cualquier otra base de datos, está ahí para el consumo inmediato de información".

La información presente en la red no está archivada, está organizada para ser consumida en tiempo presente y descartada cuando la empresa responsable considera que su estatus es obsoleto. Por esta razón, se hace necesario contar con archivos que se dediquen no a la presentación de objetos digitales, sino a su preservación. La iniciativa más destacada orientada hacia la conservación digital es el sitio Internet Archive, una biblioteca digital, gestionada por diferentes organizaciones sin ánimo de lucro, dedicada expresamente a la preservación de archivos, capturas de sitios públicos, recursos multimedia y software. Fundada por Brewster Kahle en 1996, esta funciona gracias a las donaciones de diferentes instituciones públicas, como la Biblioteca del Congreso de los Estados Unidos, y privadas, como la empresa subsidiaria de Amazon, Alexa Internet. Sin embargo, y pese a sus esfuerzos, la problemática asociada a los dispositivos y su obsolescencia obliga a elaborar nuevas formas de ejecutar esos mismos objetos en plataformas diferentes a través de la emulación, aunque no siempre se consigue, como ocurre frecuentemente en el caso del videojuego. Otras iniciativas han partido del espacio público, como Europeana, creada durante 2008 por instituciones ligadas a la Unión Europea, o la propia Biblioteca Nacional, donde ya hay un plan para conservar y archivar los videojuegos españoles más destacados. Estas iniciativas, aunque encomiables, tienen que superar otros problemas como los derechos de autor y las licencias de reproducción, aspectos que no he tratado por necesitar el triple de extensión.

En definitiva, el campo de la historia del videojuego aún no cuenta con veinte años de tradición; sin embargo, su crecimiento y enriquecimiento en sus métodos y temas de interés ha sido exponencial, especialmente en los últimos cinco años, como demuestran las fechas de publicación de todos los trabajos que hemos citado en este artículo. Esta es la razón por la que, más que probablemente, hayan escapado algunas publicaciones o libros que debieran también estar; no obstante, que seamos capaces de acotar nuestro campo de estudio y extraer de él obras clave para diferentes líneas de trabajo, ya nos habla de la rica y fructífera realidad en la que vive. Este crecimiento está lejos de haberse detenido o estancado: su fecunda relación con otros campos como el de la ciencia política, las relaciones internacionales (*Tecnonacionalismo, guerra digital y videojuego en China*, de Moreno Cantano y publicado en 2024), la historia del arte o cualquier otro medio visual actual o pasado (*Pantallas de la memoria: cómo y por qué las imágenes digitales transforman nuestra idea de la historia*, de 2023) seguirá dando sus frutos en el futuro. Esperemos que también sigan dando sus frutos las iniciativas de archivo y conservación.

"El acceso a las fuentes y el problema del archivo es un obstáculo cada vez más acuciante para el estudio histórico del videojuego"

113

LA ARQUEOLOGÍA PARA ENTENDER EL MEDIO

Texto **Julio Carmona** | Fotografía **Taylorhatmaker - Hello Games**

El videojuego, como producto cultural, vive sujeto al paso del tiempo y forma parte del pasado, pero su naturaleza interactiva, creadora de mundos digitales donde nos sumergimos, ofrece una oportunidad a la hora de mirar hacia atrás. La arqueología, como disciplina, se permite el lujo de mirar al videojuego no sólo como artefacto con el que entender nuestro pasado real, sino también como contingente capaz de poseer su propia existencia independiente. De esta necesidad por comprender nuestro mundo —y a la gente que habita en estos espacios virtuales— nace el arqueogaming.

Aún recuerdo, allá por el 2014, cuando surgió esa noticia que se hizo tanto eco en los distintos medios especializados del videojuego (e incluso en múltiples generalistas). Una excavación patrocinada por Xbox había viajado al desierto de Alamogordo, donde la leyenda decía que Atari había enterrado miles de cartuchos del *E.T.* de Atari 2600. La idea era desenterrar estos y grabar un documental sobre el proceso. Entre las personas involucradas en este proyecto pudimos encontrar rostros tan llamativos como Howard Scott Warshaw, el creador del videojuego en cuestión, Ernest Cline, escritor de *Ready Player One*, o Zak Penn, escritor de películas como *Vengadores* o *Matrix 4*; sin embargo, me gustaría destacar una figura que pasó mucho más desapercibida. En una excavación de este tipo, una profesión que no puede faltar es la del arqueólogo. Con la tarea de estudiar, clasificar y catalogar todo el proceso, Andrew Reinhard fue una de las personas que se encargó de coordinar todo el equipo para que este evento tan esperado llegara a buen puerto.

Andrew Reinhard es arqueólogo, pero también es editor de libros, artículos y revistas para la Sociedad Americana de Numismática; y antes de esto, editor para la Escuela Americana de Estudios Clásicos de Atenas, lo que compone un bagaje académico completo. Pero el doctor Reinhard es más que esto. A lo largo de su tesis doctoral, tuvo una reflexión que fue clave: ¿cómo podemos realizar arqueología dentro del videojuego? Su estudio sobre la arqueología dentro de *No Man's Sky* resultó en una tesis doctoral extensa, además de ser el motivo por el que decidí contactar con él. Su libro *Archaeogaming* es un ensayo basado en sus investigaciones sobre la arqueología "en" y "del" videojuego. Un libro que, en mi opinión, resultará crucial en el futuro como primera piedra en una disciplina tan amplia como interesante a la hora de enseñarnos el pasado dentro de los juegos que han conformado la industria.

Pero todo tiene un comienzo, un punto de partida, y el de Andrew se encuentra en los inicios mismos de la industria. Como arqueólogo, Reinhard se licenció y doctoró en Arqueología Clásica, especializándose en alfarería de la Grecia clásica con experiencia de campo en Italia y Grecia, pero con una pasión por los videojuegos que le nace "desde que era pequeño, yendo a jugar a cada nuevo juego que aparecía en los arcades; y con acceso a los primeros ordenadores, lo que era muy divertido porque los usaba para jugar todo el tiempo". Con este bagaje y amor por el medio, no es de extrañar que, en cierto punto, comenzara a ver una relación entre ambas disciplinas: "No empecé a pensar que los videojuegos y la arqueología pudieran funcionar juntos hasta aproximadamente 2010 o 2011, cuando estaba jugando a *World of Warcraft* y me di cuenta de que había runas por todas partes, lore e historias para todos estos personajes ficticios. Tenía mucha curiosidad, ya que existe todo este tipo de narrativa arqueológica, con artefactos y sitios dentro del juego, así que dije: 'Vamos a investigar por aquí'".

Con esta meta en mente, Andrew no solamente se dedicó a investigar sobre el título de Blizzard, sino a tratar con otros juegos, como *The Elder Scrolls V: Skyrim* y su aproximación al mundo romano representado en la facción Imperial –que le impulsó incluso a crear mods para poner las misiones del juego en latín–. Para él, «[Crear mods] es parte de la comunidad, pero también es arqueología». "Tienes gente que juega a videojuegos y que, además, hace cosas dentro del juego, cosas que lo complementan, por lo que están creando sus propios artefactos y sitios. Así que empecé a darle vueltas a la cabeza, y allá por 2013 creé el blog sobre arqueología del videojuego, *archaeogaming.com*, así como la cuenta de Twitter @Archaeogaming. Con estos fui encontrándome una comunidad de personas que también hacía este tipo de cosas, por lo que empezamos a hablar sobre el hecho de que si todo el mundo está jugando a estos juegos, es como si fueran una segunda casa para nosotros, un nuevo lugar para nosotros donde vivir, trabajar, jugar, gastar dinero, tiempo... Podemos hacernos preguntas arqueológicas sobre la gente que los habita, así como también sobre cómo fueron desarrollados. A la vez podemos echar un vistazo a juegos como *Tomb Raider*, los de *Indiana Jones*, *Uncharted*… y observar cómo los arqueólogos son representados en este tipo de juegos", apunta.

Por las fechas de la creación del blog, esto fue cuando se anunció que iban a llevar a cabo la excavación del cementerio de Atari en Alamogordo, Nuevo México, con todo el misticismo que lo acompañaba. Algo que, para Andrew, no tenía ningún sentido. Según sus palabras: "El cementerio de Atari de Alamogordo es un ejemplo real de excavación; bueno, del mundo real quiero decir, donde Atari, allá por 1982, creó el videojuego de *E.T.*, el supuestamente 'peor juego de todos los tiempos'. Sin embargo, todo un mito surgió alrededor de este hecho; sobre cómo Atari creyó que este juego era tan malo que directamente lo enterraron en el desierto para que nadie pudiese encontrarlo". Todo esto, al final, envolvió de un halo de misterio a la historia detrás de los cartuchos, y a nivel social no eran pocas las voces que se preguntaban si allí realmente había algo enterrado; y en caso de haberlo, qué sería lo que habría bajo esa capa de hormigón y por qué realmente se tomó la decisión de enterrarlo.

"Todo el tema del entierro de los juegos de Atari nunca debería haber sido un misterio", indica Andrew. El entierro de cartuchos por parte de la compañía fue reportado en 1983, tanto por el periódico local *Alamogordo Daily News* como por el más internacional *The New York Times*. "Como en esa época no había Internet, y parece que la gente ha olvidado cómo se usan las bibliotecas para investigar estas cosas, terminó convirtiéndose en un mito", prosigue sin evitar reírse. Casualidades de la vida, Reinhard se enteró de que iba a organizarse un documental y una excavación en el lugar, así que, por mera curiosidad, contactó con el equipo detrás de esta operación "para ver si podía ir y simplemente estar tomando notas y fotografías". Sin embargo, por su bagaje y su profesión, directamente le ofrecieron trabajar codo con codo con ellos, pudiendo traer un equipo con el que trazar un plan de excavación, llevarlo a cabo y catalogar todo lo que apareciera en el lugar. En dicha excavación no solamente se extrajeron juegos de *E. T.*, que fue únicamente el 10 % del total recuperado, sino que del total del yacimiento, compuesto por entre setecientos mil y ochocientos mil juegos, sólo pudieron extraerse unos mil trescientos durante el tiempo que duró la excavación, a causa del elevado coste de llevarlo a cabo en una operación que en arqueología se conoce como "salvamento": coge todo lo que puedas y deja el trabajo preparado por si más adelante puedes continuar la tarea.

Al final, lo que pasó en ese momento, en 1982, fue que el almacén de Atari en El Paso, Texas, se estaba quedando sin espacio, por lo que necesitaban un sitio barato donde deshacerse del exceso de juegos que venían tanto de devolución de stock como de sobreproducción, como el caso de *E. T.* Esto suponía que, para ellos, era mucho más barato enviar camiones con cartuchos a un vertedero de Nuevo México para enterrarlos, que deshacerse de ellos de cualquier otra manera. No fue otra cosa, por tanto, que una decisión corporativa, donde la ciudad dio el visto bueno y se llevó el dinero del entierro; aunque también hay una parte de la historia donde resulta que Alamogordo no entendió cuántos camiones iban a llegar, así que llegó un momento en el que dijeron "hasta aquí" (y el resto de los camiones se mandaron para California o cualquier otro sitio).

Pero ¿qué pasó con las copias que se extrajeron del yacimiento? Al estar dentro de la jurisdicción de la ciudad de Alamogordo, en los límites municipales, y con material con una antigüedad menor de cincuenta años, su calificación como "yacimiento arqueológico" es imposible, por lo que a nivel administrativo simplemente es "basura en un vertedero" sometida a una excavación arqueológica financiada por una compañía privada. "Para poder recuperar parte del coste de la excavación, decidieron vender los juegos a través de Ebay, pero manteniendo algunos para su museo y enviando algunos ejemplares a museos internacionales, como el Vigamus de Italia o el Smithsonian". "Conforme íbamos sacando los juegos, creo que se vendieron por mil trescientos dólares americanos; aunque originalmente esos juegos costaron cuarenta dólares, y ahora puedas encontrarlos de saldo por sólo dos o tres, tener una copia en su caja extraída como parte de una excavación arqueológica es algo que le añade valor. Ahí hay un problema ético para un arqueólogo. Estábamos ahí, pero fue decisión de la ciudad vender los juegos; y así se hizo. Recuperaron el dinero y ahora hay personas por ahí que tienen copias no sólo del *E. T.*, sino también de juegos como *Centipede*, por ejemplo, o del *Pelé's Soccer*, *Superman*, *Combat*... Un montón de juegos. También muchos *Pac-Man* de los de Atari".

La extracción de los restos de Atari nos lleva a preguntarnos qué es la arqueología "en" y "del" videojuego. La arqueología del videojuego es, entre otras cosas, lo que ocurrió en Alamogordo: una excavación donde, mediante un proceso arqueológico, se desenterraban y catalogaban los diferentes artefactos extraídos del sitio. Artefacto y sitio, dos conceptos en la arqueología necesarios de comprender, sobre todo tratando los videojuegos con un componente físico y digital como poseen, y que es inverso a la realidad física. Para ejemplificarlo, Andrew toma un juego físico en formato disco para ello: "Ese disco en sí está en una caja, y eso es un artefacto en sí mismo. Es algo que puedo tener en mi mano, es portátil, es algo que alguien ha hecho, ha producido, y que yo puedo usar. Esto es sencillo, pero es que dentro de este CD tenemos datos escritos, que son los archivos de instalación, los de juego, los distintos ficheros de arte de audio o similares. Así que este disco se convierte en un sitio arqueológico, ¿vale? Porque el sitio contiene un montón de artefactos, siendo los límites del disco los mismos límites que los del sitio, y por tanto puedes mirar al disco, sobre todo si estás jugando a una versión de PC, ya que puedes ir y echarles un ojo a los

ficheros en sí y observar cómo los artefactos trabajan juntos para crear la tercera cosa, que es el 'paisaje'. Este es el espacio digital al que puedes entrar como jugador y explorar. Así que tenemos el artefacto del disco, que contiene el sitio y que contiene el paisaje, que es justo lo contrario a lo que ocurre en el mundo natural, donde tenemos el paisaje con sus colinas, montañas, ríos o lo que sea. Entonces alguien va y decide construir un lugar para vivir o montar un campamento; y entonces, mientras están viviendo allí, crean cosas para usarlas como artefactos. Así que es lo opuesto a cómo se trabaja con las cosas digitales, donde a través del artefacto construyes un sitio que constituye, a su vez, un paisaje".

Sin embargo, pese a esta inversión en el orden natural, la forma de trabajar con los videojuegos no difiere en demasía de cómo se hace en el mundo natural. Andrew se dio cuenta de esto trabajando en el proyecto arqueológico de *No Man's Sky*. Este videojuego está compuesto por un universo creado de manera procedural, donde cada planeta es diferente al anterior gracias a los algoritmos de generación que posee; y por donde haya pasado ya, muy probablemente, la mano del ser humano. Esto, para un arqueólogo, "era algo muy emocionante porque nadie había visto estas cosas antes; para la arqueología, si estás descubriendo un lugar nuevo que no habías visto antes, te preguntas cómo se ve, cómo está hecho, cómo está organizado, quiénes vivían ahí, qué dejaron atrás, por qué se fueron…". Durante su viaje por *No Man's Sky*, como jugador desde sus inicios, Andrew encontró artefactos y monumentos que no habían sido colocados ahí por los desarrolladores, sino por usuarios del juego que habían estado en esos lugares antes que él.

Reinhard vivió la evolución de *No Man's Sky*, cómo el título iteraba a través de sus versiones y cómo nacían y morían dentro del mismo: "El juego, al ser tan grande como el propio universo real, si puedes creerlo, te sientes muy solo. [Por eso] Solamente quieres ponerte a encontrar a otras personas". Todo esto comenzó en los inicios del juego, en el momento en el que podías encontrarte ya con otros jugadores. A partir de este momento, la gente comenzó a crear comunidades, a volar junta, a construir bases en distintos sistemas y, en definitiva, a generar espacios habitados por humanos digitales: «Para mí, como arqueólogo, se sintió como: 'OK, somos seres humanos en un espacio digital haciendo cosas y compartiendo la experiencia conjunta'. Lo que pasa —o, mejor dicho, lo que solía pasar— es que cuando hacían una gran actualización, esta cambiaba todos los ecosistemas de los planetas, enterrando o destruyendo las viviendas de los jugadores, así que todas las casas que habían construido desaparecían o se rompían, por lo que tenían que irse. Así que empezaron a dejar cosas atrás a las que yo luego iba y en-

contraba ruinas humanas, descubriendo inscripciones en el paisaje que decían: '¡Ey! Aquí solía vivir yo, pero ahora estoy viviendo por aquí', dejando las coordenadas de su nuevo hogar; lo cual es increíble, por lo que empecé a trabajar con la comunidad para registrar dónde solían vivir. Eso fue muy divertido y terminó convirtiéndose, al final, en arqueología real que, de casualidad, se encontraba en un espacio digital, donde se trabajaba de una manera muy similar a la que se trabaja normalmente en el mundo real".

Cuando el doctor Reinhard comenzó el proceso de trabajar dentro de *No Man's Sky*, el título y el universo que conforman se encontraban en pañales. El título, por hacer un símil temporal con el mundo físico, estaba en la prehistoria, con Andrew trabajando en paralelo, así que no existía una gran cantidad de tareas por hacer, no había apenas yacimientos y la información disponible era mínima. Sin embargo, con la evolución del producto, pasando de la versión 1.0 a la 4.0 —y siguientes—, todo ha cambiado. La arqueología y los análisis que podían surgir del título han evolucionado como si de la historia humana se tratara, alejándose de los inicios y permitiendo observar e investigar el pasado de otras formas: ciudades en todas partes, con humanos jugando, naves espaciales, edificios y demás artefactos que permiten acercarse al título y estudiarlo de maneras mucho más avanzadas, incluso empleando equipos de arqueólogos, todos estudiando distintos sistemas y elementos del juego. Las civilizaciones se han vuelto muy avanzadas, pero eso ha supuesto, a su vez, la destrucción de parte del pasado.

Bajo esta premisa, Andrew decidió volver al juego para descubrir cómo el paso del tiempo ha hecho mella en los lugares que él mismo descubrió y ya no existían. Algunos estaban completamente destruidos, sin asemejarse a lo que eran antes. Simplemente, no quedaba nada de lo que un día fueron: "Por esto estuve grabándolo todo; y me alegro de haberlo hecho, porque cuando estuve trabajando en el libro, y cuando estuve también con mi doctorado, tomaba fotos de todo lo que veía, lo grababa todo en vídeo, tomaba notas y apuntaba las descripciones de todo lo que era capaz de exportar y compartir con el Servicio de Datos Arqueológico que está alojado en la Universidad de York, que es un archivo de trabajo arqueológico accesible de manera gratuita para todo el mundo, y ahí es donde está todo lo que encontré, visité y escribí sobre lo que ya no existe dentro del juego". Estos registros es todo lo que queda del pasado del videojuego, junto a aquellos vídeos subidos por jugadores que coincidieron en el tiempo en dichos espacios o escribieron sobre ellos, a modo de cuadernos audiovisuales de bitácora en muchos casos: "Las cosas digitales no son permanentes, siempre cambian, y aunque tuviéramos una Wayback Machine (máquina del tiempo de Internet) para los videojuegos, no podrías volver a ver estos lugares otra vez, así que me alegro de haber podido hacer esto para la comunidad".

Estudiar un juego como *No Man's Sky* es similar a estudiar la humanidad a través de una línea temporal que avanza en paralelo a nosotros de manera acelerada: los único que queda del pasado, versión tras versión, es aquello que podemos encontrar en grabaciones por fans, estudios complejos como el de Andrew, o memorias constituidas a través de las diferentes Wikis. Foros como Reddit o GameFaqs, por contra, se convierten, como bien indica el nombre, en foros comunes, plazas desde la que los jugadores pueden expresar opiniones, inquietudes o sentimientos ante lo que están jugando. El juego cambia gracias a que los desarrolladores, como si de dioses omnipotentes se trataran, se encargan de dotar a sus universos de nuevos contenidos, de nuevas reglas con las que conformar el título, para que nosotros aprovechemos esto para nuestro favor e interactuemos con estos mundos virtuales sacando el máximo partido de lo que existe en ellos.

Sobre estos foros, estas historias detrás de los títulos, uno de los grandes exponentes es el eterno *EVE Online*, un juego que, gracias a su profundidad, su perdurabilidad y la importancia de las decisiones humanas, cuenta con historiadores/jugadores que registran las más importantes batallas como si de cronistas se trataran. Sin embargo, ¿y si esos eventos permean el mundo real? *EVE Online* cuenta con una estatua con los nombres de todos los jugadores inscritos a fecha de 2014 en Reykjavik, ciudad natal del título. Este monumento, compuesto por tres pilares de diferente forma, sirve para conmemorar el décimo aniversario de un videojuego en un espacio físico, pero no es el único ejemplo de migración de eventos entre realidades. Las ganas de sacar un rédito económico por parte de las empresas ha contribuido a la creación de artefactos in game fuera de sus mundos virtuales. Desde espadas de *Minecraft* hasta figuras y dioramas que representan momentos emblemáticos dentro de los videojuegos. Además, gracias a la cada vez más accesible tecnología de las impresoras 3D, es posible crear modelos semejantes –o cogerlos directamente– de objetos o personajes de los juegos para trasladarlos, como mementos, al mundo real. Todo esto constituye, por supuesto, la creación de artefactos que, en un futuro, serán estudiados de manera arqueológica por los profesionales del futuro.

Pero no todos los juegos son iguales: algunos poseen una profundidad en su desarrollo mucho mayor. En títulos masivos como *World of Warcraft*, *No Man's Sky* o *Skyrim* existe una narrativa que engloba el conjunto y que se desarrolla en subtramas creando un sistema narrativo atómico. Entonces,

¿todo videojuego puede ser sujeto de estudio arqueológico? Según Andrew, hasta el *Solitario* de Windows es susceptible de una investigación arqueológica siempre que se hagan las preguntas correctas. Un videojuego, como conjunto, es un producto creado por seres humanos para que otra gente los use y forma parte del comercio humano, de nuestra cultura: "Puedes tener una historia, y esto entra también dentro de los game studies y los media studies, donde tienes la historia de un juego como el *Solitario*, donde tenemos, primero, el juego de cartas; entonces, este se digitaliza y, después, se pasa a otros sistemas operativos, diferentes plataformas y vemos cómo cambia, cómo la gente lo usaba entonces, cómo se juega, cómo han ido ocurriendo esos cambios, los clones que la gente ha ido haciendo... Todas estas son preguntas arqueológicas también, así que no tiene que ocurrir que estemos jugando a *Tomb Raider* y que haya arqueología en el juego para hacernos preguntas así: podemos hacer arqueología de cualquier cosa digital".

La cuestión consiste, precisamente, en ver cómo se enfoca la arqueología, si dentro o fuera del videojuego, si es "de" o "en" el videojuego. "Cuando estás haciendo arqueología tradicional, y dependiendo del sitio en el que estés, la arqueología que puedes realizar y la forma en la que la ejecutas va a ser distinta. Cuando estás, por ejemplo, trabajando con un barco hundido, como un galeón español en el fondo del océano, ¿cómo es eso?, ¿cómo lo haces?, ¿cómo trabajas en este tipo de ambiente? Si lo comparamos con la excavación de un templo romano en alguna parte de España, verás que es diferente, aunque te preguntes cosas similares", subraya. "Si hiciera arqueología del *Solitario* o del *Pitfall* de Atari, tendría algunas preguntas que quiero contestar, por lo que me pondría a hacerlo. Para Atari hay emuladores en los que puedes jugarlo, puedes probarlo en el hardware original si lo tienes disponible, pero también están los conjuntos de códigos, con los que, de hecho, puedes ir y coger una parte del código interno que fue escrito allá por los ochenta por los ingenieros de Atari, y empezar a hacer una especie de epígrafe escribiendo sobre cómo se iban juntando los diferentes códigos, investigar la autoría de cada código, las cosas que se usaban para crear estos entornos en los que ahora jugamos... y todas estas cosas puedes hacerlas de manera arqueológica, no tienes por qué estar andando literalmente en el espacio mirando a tu alrededor y haciendo las cosas como en *No Man's Sky*. Hacer algo más raro como un juego en 2D o similar requiere otro tipo de habilidades creo yo; pero, de todas formas, estaríamos haciendo preguntas similares".

Como hemos visto, la arqueología "de" y "en" el videojuego es una disciplina emergente, pero llena de vida, con posibilidades infinitas. Sin embargo, la relación entre arqueología

y videojuegos no es unidireccional. Siguiendo la corriente cultural universal, el videojuego también ha tomado esta disciplina y la ha adoptado para crear un producto donde podemos interactuar con la arqueología de la mejor manera que sabe: jugando a ser arqueólogos. La figura del arqueólogo, tanto en medios más clásicos –Martin Mystère en los cómics, Indiana Jones o Tadeo Jones en el cine– como en el videojuego –Lara Croft, Hershel Layton, etc.– es una lucha constante por entender una profesión que, por percepción cultural, se concibe como una suerte de aventurero cazatesoros, trabajando con mecánicas jugables que poco o nada tienen que ver con la labor de un arqueólogo.

La representación importa, sólo hay que mirar al pasado no sólo del videojuego, sino de cualquier medio cultural, para darse cuenta de la visión que se tenía del arqueólogo: un aventurero vestido a la manera de Hiram Bingham, una colección de tópicos. En el videojuego se bebió particularmente de la figura de Indiana Jones, con *Raiders of the Lost Ark* como uno de los primeros ejemplos visuales de arqueólogo en el medio: "Estos tópicos vienen de los arqueólogos que se visten de manera similar a Hiram Bingham; por ejemplo, como referencia a un arqueólogo de verdad, o de la ficción barata que aparecía en esas historias de aventuras y revistas de los años treinta y cuarenta. Como esta película fue tan popular y todo el mundo la vio, de repente, se convirtió en la iconografía asociada a la arqueología. Y aún seguimos viendo esto: por ejemplo, cuando estaba jugando al *Hearthstone* hace un par de años, justo sacaron un pack de aventuras donde había un arqueólogo que llevaba sombrero, pantalones caqui y básicamente todo era como: 'Venga, vamos a intentar hacer algo nuevo, por favor'. La percepción del arqueólogo como un aventurero encontrando artefactos malignos que destruirán el mundo si no hacemos nada".

Es interesante también ver cómo conceptos tan aceptados dentro del videojuego como el looting contienen un componente extraído de la percepción colonialista-imperialista de la arqueología, tan de moda cuando se comenzó a ver la mecánica allá por los ochenta y noventa: coger un cadáver y saquearlo, o ir a lugares exóticos y comenzar a guardarnos objetos, todo con el objetivo de venderlos más adelante por un buen pellizco. Por tanto, ¿qué hay de la verdadera arqueología, la que se oculta entre mecánicas orientadas a la satisfacción más básica del jugador? "Es muy difícil demostrar cómo es la verdadera arqueología cuando hay algunos desarrolladores de videojuegos que dicen 'esto es aburrido'. Pero no, lo que estamos haciendo no es aburrido para nada. Ahora han empezado a aparecer juegos que abordan los problemas del colonialismo, que abordan este tipo de tópicos

de la aventura arqueológica o mística. Tres videojuegos me vienen a la cabeza ahora: dos son *Curious Expedition 1* y *Curious Expedition 2*, que están ambientados en la época de la exploración arqueológica, cuando la gente comenzó a salir al mundo para realizar investigaciones arqueológicas o antropomórficas, expediciones en lugares que no eran de Occidente, y el otro es, probablemente, el mejor juego arqueológico que he jugado: *Heaven's Vault*", comenta.

La mención de *Heaven's Vault* como baluarte de esta tendencia a representar de una manera correcta la figura del arqueólogo no es casual. El título, desarrollado por el estudio independiente Inkle, nos pone a los mandos de una arqueóloga racializada –dos hechos raros de por sí, casi insólitos juntos– practicando la epigrafía –estudio de escritura antigua para comprender una lengua–. Este es el núcleo del título, con un jugador que deberá investigar un espacio conformado por planetas donde encontraremos artefactos y sitios pertenecientes a una civilización antigua. Estos, a su vez, contendrán inscripciones en un alfabeto desconocido para el jugador/avatar, así que será tarea nuestra descifrar este lenguaje realizando una investigación que va más allá de un mero puzle. Una peculiaridad del título es, por supuesto, la fórmula colaborativa en la que ha derivado este, con foros o canales –como Discord– donde comunidades de traductores, profesionales o amateurs se han unido para jugar de manera conjunta llevando a cabo las traducciones. Como indica Reinhard: "Es, de hecho, como se supone que se debe hacer en la arqueología moderna real: tenemos un montón de personas trabajando en proyectos similares, hablamos entre nosotros, compartimos ideas y nos ayudamos entre nosotros con las preguntas que surgen, así que aquí estaríamos haciendo lo mismo a la vez que jugamos al juego".

Esto demuestra un cambio en la percepción del arqueólogo por parte del desarrollador de videojuegos; o como mínimo, una preocupación sobre cómo debe representarse su figura. En los anteriores *Tomb Raider*, Lara era poco más que un avatar hipersexualizado explorando un espacio virtual con un título en arqueología según el manual. En el reboot de la saga, sin embargo, podemos ver a Lara vistiéndose de una manera apropiada para un trabajo de campo, conocemos cómo trabaja en su posgrado para la University College de Londres, tenemos información sobre cada artefacto que encontramos… pese a que se siguen considerando dichos artefactos como objetos "de museo", mientras nos cargamos todo lo que pillamos en una historia con mucha acción. Sigue sin ser correcto, pero es un avance significativo, desde luego.

Ver el crecimiento del interés de los videojuegos como un objeto de investigación arqueológico, así como la cada vez más depurada y veraz representación de la figura del arqueólogo y de la propia disciplina –aunque supeditados estos a la ludicidad del título y la intencionalidad del desarrollador–, no hace más que preguntarnos lo siguiente: ¿cuál es el futuro de la arqueología del videojuego? Para Andrew, la evolución de esta disciplina es sorprendente, pues él mismo reconoce que cuando comenzó "eran sólo unos pocos" trabajando cada uno de manera independiente. Y eso es muy emocionante, pues es sólo el primer paso en el avance de este campo de estudio que, poco a poco, comienza a crecer en otros muy diversos. Meghan Dennis, titulada por la Universidad de York, se encuentra investigando sobre ética digital dentro de la arqueología del videojuego, al igual que Catherine Flick. Andrew valora positivamente este hecho, pues "cuando estás trabajando en este tipo de investigaciones, es bueno tener la metodología y la ética comunicándose la una con la otra para asegurarte de que lo que estamos haciendo está bien. La mayoría de estos desarrolladores están vivos aún, los jugadores también; si estos lugares siguen siendo públicos o las propiedades intelectuales siguen vigentes, tenemos que preguntar educadamente para tener acceso. Esa es la cosa, continuar codificando los métodos para obtener un código ético de conducta para cuando estemos realizando arqueología digital. Eso es algo grande que está ocurriendo ahora mismo", finaliza.

DISEÑANDO A OTRO NIVEL

La mejor manera de aprender a diseñar es haciéndolo en un lugar seguro e iterando una y otra vez, aunque eso pueda ser, en ocasiones, un terreno desconocido.

Texto **Enrique Colinet** | Ilustración **The Game Kitchen**

Hace unos meses, y por cuestiones que no vienen al caso, me encontré en un lugar alejado de mis contadas rutinas y disfrutando de unas vistas preciosas en un lago en la provincia de Cádiz. Como suele ser habitual cuando te alejas de tus rutinas, empiezan a sucederte cosas que, tarde o temprano, se convertirán en anécdotas. En mi caso coincidió que un buen amigo de Barcelona, y compañero de industria, me llamó para hacerme una pregunta a la que estoy poco habituado: "¿Conoces a alguien con mucha experiencia en level design para una incorporación inmediata en un proyecto que va a ser muy tocho? ¡Estamos desesperados y no encontramos a nadie!".

No voy a negar la alegría de que estas llamadas me sucedan a mí. Hace unos veinte años tan sólo podía soñar con ellas, pero por otro lado me supo agridulce que siendo yo un habitual de eventos de videojuegos en España, no haya podido conocer en ellos a más gente especializada en mi rama del diseño; y que, además, estén disponibles o dispuestas a cambiar de aires. "Lo siento, tío, no conozco a nadie disponible con la experiencia que necesitáis. Yo lo haría encantado, pero no sólo es que tenga un compromiso con mi proyecto actual… es que, además, nunca he trabajado en algo así", respondí.

Conforme colgué, ya fuese por haber estado absorto mirando un lago precioso durante la primavera andaluza o porque simplemente soy imbécil, me di cuenta de que las últimas palabras que acababan de salir por mi boca no sólo iban en contra de todo lo que siempre le había recomendado a toda la gente que me ha preguntado alguna vez cómo empezar en esto del diseño de niveles, sino que también iban en contra de todo lo que yo mismo he hecho para adquirir experiencia en mi especialidad.

Me temo que en este punto voy a incurrir un poco en ese tropo del nostálgico rancio, ese que recuerda un periodo concreto en el pasado como último lugar en el tiempo en el que las cosas se hicieron bien, pero no lo voy a hacer sin dar antes un buen razonamiento de fondo. O, al menos, espero que ese razonamiento os convenza.

Actualmente, estamos sobresaturados de contenido. El ocio desborda nuestro tiempo libre, y en vez de quedarnos bloqueados de aburrimiento por no tener nada entretenido que jugar, nos bloquea el hastío de tener que elegir entre uno de los cientos de juegos sin estrenar que nos miran desde nuestras bibliotecas digitales. Pero hace un par de décadas esto no era tanto así. Nuestras opciones eran limitadas, especialmente en PC, y tanto los modders como los mappers eran los héroes de nuestras tardes de aburrimiento proporcionándonos nuevo contenido para nuestros juegos preferidos.

Esa fue precisamente mi vía de entrada en la industria: la modificación y creación de nuevo contenido para juegos como *Counter-Strike*, *Starcraft*, *Doom* o *Quake*. El concepto era simple: descargabas el juego, instalabas su editor, rebuscabas tutoriales sobre cómo hacerles niveles por donde buenamente pudieras en un arcaico Internet de finales de los noventa… y lo demás era pura experimentación.

Durante esta época descubrí tanto lo bonito como lo "místico" del diseño de niveles, pero lo más importante no te lo enseñaban los tutoriales (ni siquiera había herramientas específicas en el editor para ello): lo más importante estaba presente en absolutamente todos los niveles, fuesen oficiales o no –aunque jamás me advirtieron de ello–. En este punto, podría dejar de darle bombo a la premisa del concepto que os presento y podría reducir este presunto eslabón perdido de mi aprendizaje a la fase de planificación. Pero no, no me refiero tanto a eso. A niveles profesionales, la planificación es necesaria para comunicar intenciones, pero realmente hablo de algo honestamente difícil de explicar cuando alguien ama de verdad el diseño de niveles.

Me refiero al trabajo invisible, a encontrar su alma, a todo aquello que trasciende lo visual, lo acústico e incluso lo jugable; o que no puede existir sin la combinación de las tres. Es molesto que, después de todo este tiempo, aún me cueste darle forma y explicar con palabras un concepto que se me antoja tan abstracto y a la vez tan familiar para mí, aunque esto no deja de ser una extensión de lo que me pasa constantemente como diseñador de niveles.

Tengo la sensación de que la gente que me pregunta sobre mi contribución en un juego suele llevarse una desilusión, ya que tras señalarles que un nivel entero es mío, acto seguido voy desmereciendo mis aportaciones decapando todos los aspectos que son trabajo, en realidad, de otros compañeros y compañeras. Si les contase que yo mayormente sólo pongo cajas grises –y que puedo pasarme meses obsesionado con sus formas y medidas–, perdería su atención al instante.

Hablar de diseño de niveles es tener que comentar por qué no es recomendable crear secciones largas que no ofrezcan opciones de movimiento, pero que, sin embargo, la subida por la escalera de mano de *Metal Gear Solid 3* es un momento tan icónico y estudiado. Hablar de diseño de niveles es hacerlo de por qué no es recomendable colocar trampas o enemigos fuera del ángulo de visión del jugador, pero por qué eso forma parte del ADN de la saga *Dark Souls* hasta un punto en el que ha creado escuela. Hablar de diseño de niveles es el no permitir que el jugador se salga de la zona de juego, pero que en *The Stanley Parable* eso nos puede desbloquear uno de sus finales más interesantes y divertidos.

Y es que aquí nos aproximamos a la clave del asunto: el diseño de niveles no puede existir en el vacío. El diseño de niveles es contextual. Necesita un universo, unas limitaciones y unas reglas para entenderse a sí mismo. No puedes coger el mejor nivel de un *Sonic* y meterlo en un *Mario* –o viceversa– porque simplemente no funcionará, de la misma manera que no podemos diseñar el tablero de un juego de mesa del que desconocemos sus reglas. Un nivel necesita existir en su propio ecosistema.

Ahora entenderéis por qué cuando alguien quiere meterse de lleno en el diseño de niveles y me pregunta cómo empezar, mi primera recomendación es: "Ponte a hacer niveles con el primer editor que pilles". Es lo que yo sigo haciendo después de todo este tiempo, ya que sólo podemos practicar nuestro arte sobre una base funcional, con la esperanza de que podamos aprovechar parte de los conocimientos adquiridos en un proyecto que se parezca lo suficiente en el futuro. Creo que no mucha gente sabe que antes de diseñar el mapa del mundo de *Blasphemous*, estuve practicando mucho tiempo con los editores de mapas para *UnEpic* y *Mini Ghost* del grande Francisco Téllez de Meneses, porque me daba vértigo saltar a diseñar un mapa gigantesco tipo metroidvania en un género que sólo había conocido como jugador.

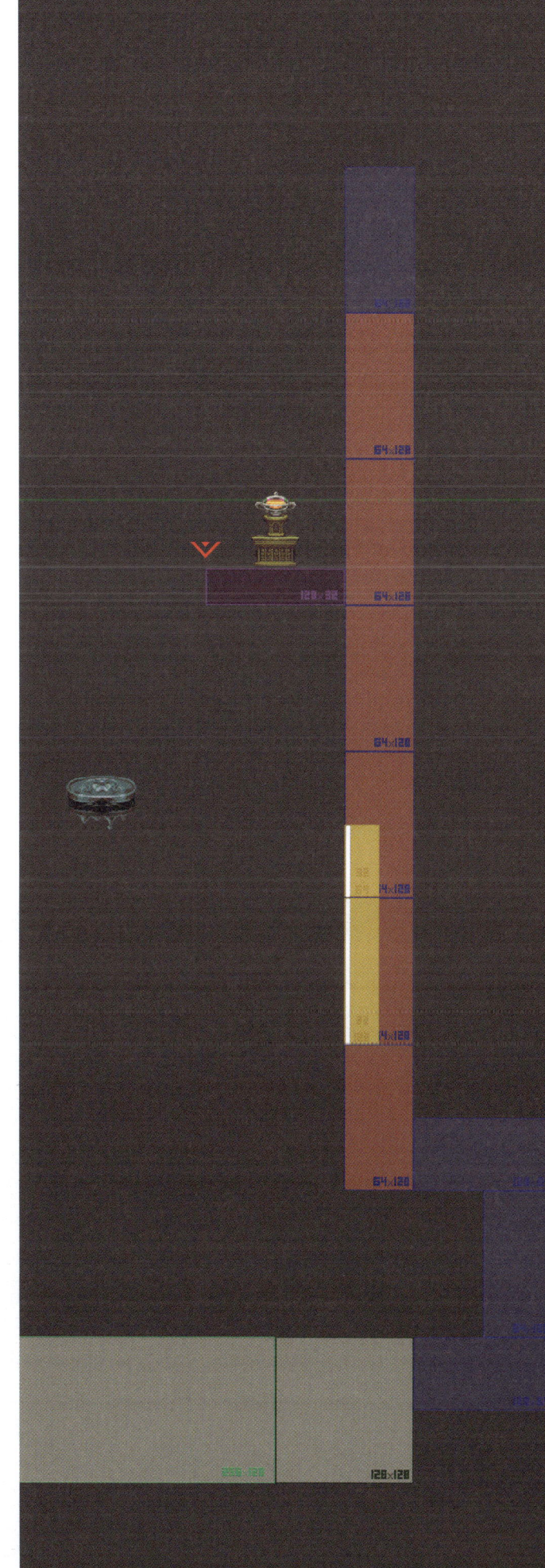

En serio: no hay mejor manera de aprender sobre algo que comenzar a producirlo en un entorno seguro para poder entender la naturaleza de sus errores más comunes de primera mano. Esto es aplicable a muchas disciplinas, pero sobre todo en aquellas dependientes de otras. Por eso, cuando me preguntan sobre libros de teoría del diseño de niveles, suelo reaccionar intentando ser lo más humilde posible con un: "Lo siento, apenas he leído libros sobre esto, lo que he aprendido lo he aprendido cometiendo errores lo antes posible". Las lecciones sobre diseño de niveles no pueden ser generalistas, porque lo que funciona en un juego de disparos en primera persona no es aplicable a un juego de puzles en dos dimensiones con vista cenital. La mayoría de estos libros sobre el diseño de niveles asumen que vas a hacer un juego 3D en primera persona; y la realidad es muy diferente. Sólo hay unas pocas guías y directrices que son consistentes y aplicables entre géneros, pero difícilmente a todos. Tan sólo imaginaos cuán diferentes son las reglas de construcción de niveles de *Quake* si lo comparamos con un *Fortnite*.

Por eso no soy demasiado fan de la teoría. La teoría puede pronosticar lo divertido que puede ser algo siguiendo unas directrices, pero la realidad al jugarlo puede ser muy diferente. Ya conozco cómo va esto con mis años de experiencia y estoy acostumbrado a que mi documentación diste muchísimo de cómo se va a terminar sintiendo el juego. De hecho, es el momento al que aspiro constantemente.

Es un momento precioso en el que el juego ya no necesita ser explicado a través de la documentación, sino que adquiere su propio razonamiento y comienza a hablarte. ¿Recordáis cuando he entrecomillado hace unos pocos párrafos el término "místico" para hablar del trabajo invisible que me fascina del diseño de niveles? Pues a esto precisamente me refiero. A ese momento en el que comprendemos el escenario en el que hemos trabajado durante años a niveles tan metafísicos que ya no vemos un montón de bloques grises. Casi como Geppetto cuando ya no veía un muñeco de madera en Pinocho, sino algo más, algo que le respondía y que tenía necesidades que a nivel teórico desconocíamos.

Es cuando descubres que mover un poco un elemento de un escenario puede generar una composición preciosa en un punto y ayudar al jugador a entender mejor su objetivo. Es cuando reparas en que conectando dos habitaciones que antes no tenían propósito, generas una ruta alternativa que hace olvidar al jugador que el diseño de tu juego es lineal. Es cuando caes en la cuenta de que Kojima –o alguien de su entorno– pensó que poniendo una versión vocal de fondo del tema *Snake Eater* durante una ascensión de dos minutos por una escalera de mano en *Metal Gear Solid 3*, crearía un gran contraste y se sentiría como un merecido descanso del combate que acababa de superar el jugador en vez de sentirse como algo aburrido o anticlimático.

Es cuando el juego se divierte por ser jugado por primera vez y tienes la suerte de que te cuente a ti, como diseñador de niveles, cómo sería aún más divertido jugarlo.

Igualmente debemos estar preparados para cuando esto no suceda. Si tu nivel no te habla es porque no tiene vida, y si no tiene vida es porque no has comprendido sus necesidades, has hecho un mal uso de sus mecánicas, has planteado mal sus reglas, has ignorado sus limitaciones o, simplemente, has dejado que otras personas se inmiscuyan en tu arte, impidiendo que sientas una conexión más profunda con él. Sobra decir que con mis primeros mapas de *Counter-Strike* me costó entender por qué se sentían tan mal hasta bien avanzada mi carrera profesional.

Esto es muy difícil teorizarlo, por no decir imposible. Llegar a estas decisiones son la consecuencia de un choque de ideas, de talentos, de circunstancias, limitaciones y reglas autoimpuestas. No se puede llegar a la excelencia sin iterar ideas hasta la extenuación, y la mejor manera de comenzar a iterar sobre el diseño de niveles es, como ya dije antes, aprendiendo a hacer niveles en el primer editor que pilles –y desde ya–. Por eso me di cuenta, conforme colgué el teléfono, de la tontería que había dicho: nunca sabré cómo hacer buenos niveles para ningún proyecto hasta que forme parte de él.

Me fastidia hablar por aquí de mi filosofía del diseño de niveles, de conceptos metafísicos y abrirme de esta manera en esta lectura, cuando lo que me hubiese gustado realmente es que, durante esa llamada de teléfono, me hubiesen venido a la cabeza los recuerdos de conversaciones sobre diseño de niveles que hubiesen sucedido entre bebidas y hamburguesas en alguna de las muchas ferias y eventos a las que he ido en los últimos años, y en ese momento haber podido decir: "Tengo la persona perfecta para ti porque sé que está tan obsesionada por el diseño de niveles como yo".

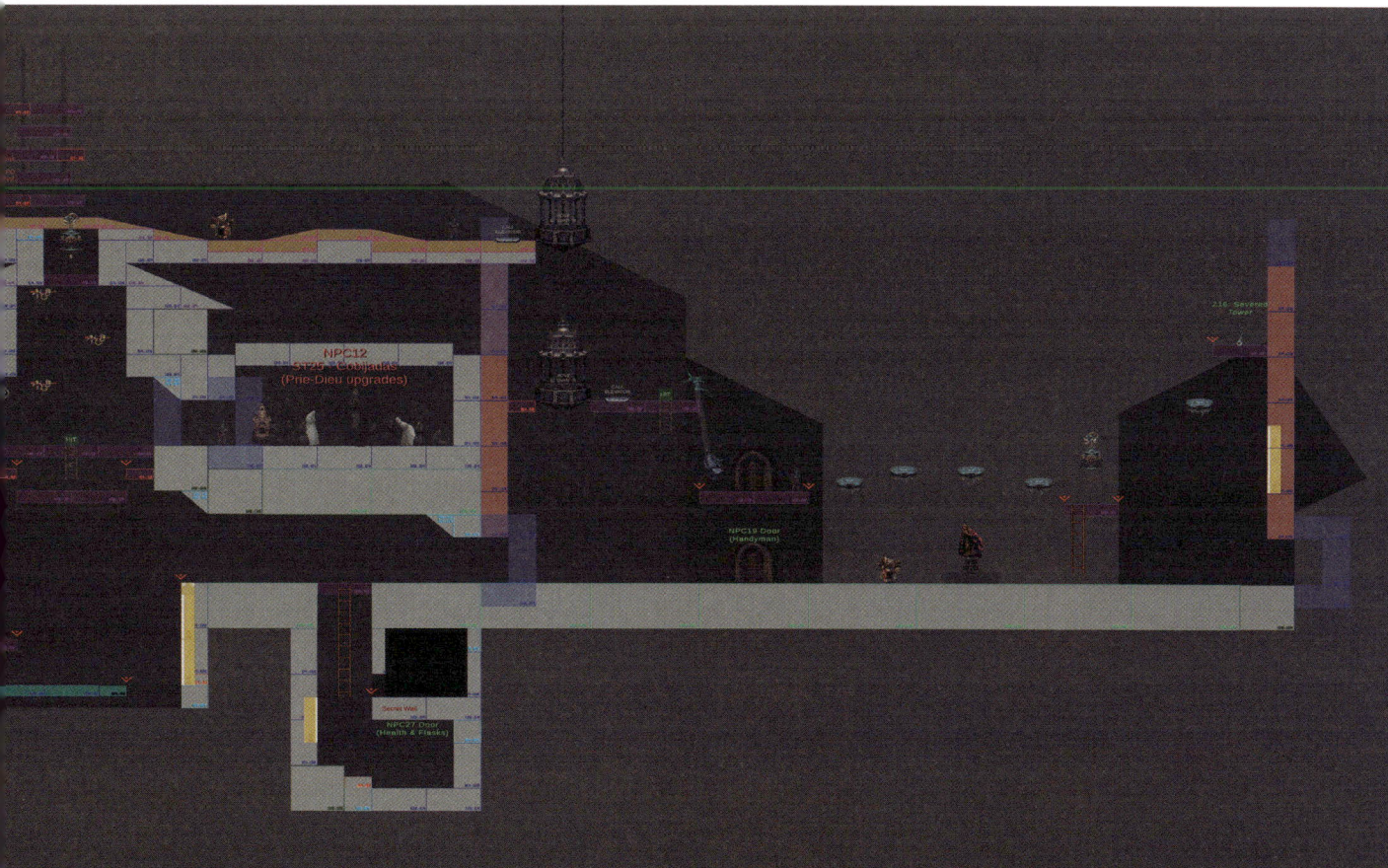

CARTOGRAFÍA DEL JUEGO

Desde tablero de juego a herramienta, los usos del mapa en los videojuegos son muy variados. Al mismo tiempo, dicen mucho del juego en sí y de los propios jugadores.

Texto **Carmen Suárez** | Ilustración **Ubisoft**

Cada videojuego es un mundo, a veces literalmente. Estos mundos son objeto de distintos estudios, desde el apartado artístico hasta el temático –entre otros–, y ya no digamos el propio desarrollo en sí del juego. Además de estos, también estudiamos los mapas, que nos han acompañado desde el principio y han evolucionado junto con el medio. A día de hoy, nos puede resultar extraño pensar que hubo un tiempo en el que el jugador debía dibujar en un papel su propio recorrido, pues el juego, por limitaciones técnicas, no podía ofrecerte uno. Actualmente, incluso podemos tener abierto el mapa en una segunda pantalla para que consultarlo resulte más rápido.

El jugador, como el propio medio, no cambia, sólo evoluciona; y aunque a día de hoy es fácil encontrar mapas interactivos que te ofrecen toda la información que necesitas, muchos jugadores deciden crear diarios de sus partidas, con mapas caseros y relatos de sus aventuras. Estos diarios se comparten, sobre todo, en redes sociales, y suelen despertar curiosidad puesto que hablan del camino que ha recorrido su autor. Muestran a dónde ha ido primero, qué enemigos se ha encontrado, cuáles han resultado más difíciles, etc. De igual manera, el mapa dentro del videojuego nos puede dar claves sobre nuestra propia experiencia.

En *Cartografías del Metaverso*, de Manuel Saga, el autor explora el uso del mapa no sólo como herramienta orientativa, sino también su uso interactivo y como interfaz: "Ya sea como interfaz principal o como herramienta de consulta, el diseño del mapa de un videojuego es siempre un reto, íntimamente ligado a la experiencia que él mismo ofrece. Si la experiencia del juego es rápida, de acción, el mapa será una herramienta discreta en una esquina de la pantalla, o un elemento que aparecerá esporádicamente para ser consultado en menos de un segundo. Si en cambio debemos diseñar una estrategia meditada, este mapa debe ser fácil de manejar, concentrando gran cantidad de información con un estilo agradable a la vista, que no nos canse".

Es decir, el mapa no es sólo una herramienta visual, sino que también es una interactiva que está influida por la experiencia del usuario. Pero el mapa tiene, además, un elemento narrativo que va más allá de lo utilitario, de la representación del mundo a nuestro alrededor.

ALCANZA TU OBJETIVO

El uso de los mapas en los juegos es muy variado. Por ejemplo, en los títulos de estrategia, el mapa es el tablero, como indica Saga. Series como *Total War* o *Civilization* adaptan mapas reales al espacio lúdico para que el jugador pueda mover sus tropas, colocar ciudades y participar en batallas. Saga, en el artículo antes mencionado, señala lo esencial que es que el mapa coincida con el tono estético del juego. Es por esto que si juegas *A Total War Saga: TROY* (The Creative Assembly, 2020), la interfaz tendrá elementos que te recuerden a la antigua Grecia. La exactitud del mapa y de las distancias, sin embargo, pueden quedar en segundo plano si es necesario.

En *Inside the intricate world of video game cartography*, Aaron Kylie explora la Grecia de *Assassin's Creed: Odyssey* (Ubisoft Quebec, 2018). En un punto del artículo se señala cómo el mapa del juego es, a primera vista, idéntico al de la realidad, pero pronto se descubre que no es así. Kylie explica cómo las ciudades en el juego son más grandes, y en el mismo artículo está la clave de por qué: los desarrolladores quieren que la exploración sea divertida. El mapa, en definitiva, está al servicio de los jugadores; y no al revés. No sirve de nada recrear Grecia 1:1 si después el movimiento a través del escenario es poco interesante.

"Intentamos representar con precisión muchas de las diferentes ciudades, pueblos y santuarios del mundo, […] pero de una manera que lo haga interesante, divertido y fácil de aprender a jugar", comenta Benjamin Hall, director mundial en Ubisoft.

Ubisoft es uno de los estudios cuyos juegos utilizan el mapa principalmente como una herramienta para ayudarnos a alcanzar distintos objetivos. *Assassin's Creed* y *Far Cry* son sagas cuyos títulos tienen mapas que están llenos de distintos iconos: puestos avanzados, poblaciones, torres de radio, personajes, tiendas y mucho más. Puede llegar incluso a agobiar con tanto que visitar y hacer. Y cuando el juego te presenta un objetivo, enseguida aparece una marca e incluso una línea en el suelo –si vas en coche– que te guía para que no te pierdas. Puedes hasta utilizar puntos de viaje rápido para acortar el camino y llegar antes, cumplir con tu objetivo, y a por la siguiente misión. Pero estos mundos no están pensados sólo para que alcances un objetivo y no te salgas del camino. De hecho, muchos de estos juegos recompensan la exploración. Así que, ¿por qué no perdernos?

CUANDO NOS PERDEMOS

Juegos como los ya mencionados, *Assassin's Creed* y *Far Cry*, no presentan mundos vacíos. Están llenos de escenarios distintos, con toda clase de actividades por hacer. Ya sean misiones o simplemente coleccionables, sus mundos están plagados de ellos. Para animar al jugador a explorarlo, a menudo presenta el mapa como oculto por una niebla. Para desbloquearlo, será necesario acudir a un objetivo concreto. Mientras, estás perdido. No puedes utilizar el mapa para guiarte y esto hace que la experiencia sea muy distinta. Aquí es donde entra en juego el diseño de niveles, que anima a explorar, a descubrir rincones ocultos con recompensas, ya tengas disponible el mapa o no. Esto permite la llamada narrativa emergente: el jugador irá encontrándose con distintos puntos de interés, personajes o enemigos que no esperaba, y creará su propia experiencia.

Esto es esencial para el disfrute del jugador. El mapa en el que nos movemos y el mapa que consultamos se dan la mano aquí. Puede que quieras llegar a un objetivo de la misión, pero si decides explorar mientras o a tomar una ruta alternativa, puede que descubras nuevos lugares.

Uno de los mejores ejemplos de esto es posiblemente *Fallout: New Vegas* (Obsidian Entertainment, 2010). En el juego tienes el mapa disponible desde el principio, y tu objetivo principal parece sencillo: sólo tienes que alcanzar New Vegas. La ciudad se encuentra al norte de tu posición, y puedes verla desde casi cualquier parte. Sin embargo, el diseño de niveles del mundo te animará a que tomes una ruta más larga: hacia el sur.

En el vídeo *Fallout: New Vegas Is Genius, And Here's Why*, Harry Brewis (conocido como hbomberguy) explica esto muy bien. El creador de contenido habla de los caminos alternativos hacia New Vegas, de cómo el diseño de niveles pone ahí a enemigos demasiado poderosos para un personaje

nuevo. Así que tienes que ir hacia el sur, siguiendo los pasos de tu antagonista, pero no es un camino sin interés, pues pronto verás una gran noria como punto de referencia. En su vídeo, Brewis incorpora una entrevista que se hizo a Josh Sawyer, director del juego, donde explica que una de las cosas que aprendieron de *Fallout 3* (Bethesda Game Studios, 2008) fue que el jugador siempre tenía a la vista hasta tres puntos de interés. De esta manera, es fácil que muchos exploren un lugar y completen misiones incluso antes de hablar con el personaje que les dirigirá hacia allí.

Aquí puedo hablar de un caso personal. En *Fallout: New Vegas*, cuando estás llegando a la ciudad de Novac, puedes ver también una torre entre las montañas. En vez de visitar la ciudad primero, que era hacia donde me guiaba la misión principal, decidí investigar ese lugar. Completé una misión ahí y dejé para más tarde unos enemigos que se me hacían especialmente difíciles. Después me dirigí hacia Novac, continué mi camino, y descubrí que había solucionado un problema antes de saber que existía. Más tarde, volví a resolver el problema que había dejado atrás.

En *Fallout: New Vegas*, muchos de los lugares que se visitan tienen más de una misión vinculada. De esta manera, se crea una conexión entre el jugador y el mundo, entre objetivos y narrativa. Hace que el mapa adquiera una nueva dimensión: ya no sólo es una herramienta para ir de un lugar a otro, es también un recordatorio del camino hecho.

DIBUJANDO EN EL MAPA

Aunque no hay que negar que su principal función sea la de ser una herramienta de consulta, el mapa nos puede llegar a mostrar nuestro progreso. En *Dragon Age: Origins* (BioWare, 2009), por ejemplo, lo vas descubriendo mientras caminas. De esta manera, al principio del juego no sabes qué te va a esperar más adelante y te anima a que explores, a que intentes llegar a sitios nuevos, y a que te fijes más en lo que tienes delante que en lo que te indique el mapa. *Dragon Age: Inquisition* (BioWare, 2014), por su parte, oculta también el mapa para que lo vayas descubriendo. Te permite ver, además, el recorrido que haces con una línea, lo que te indica las vueltas que has dado o cuánto has caminado.

Otro tipo de mapa que recoge nuestro progreso es aquel que te permite colocar marcadores y señales. *Genshin Impact* (HoYoverse, 2020) es un ejemplo de esto. Ofrece un mundo abierto lleno de cosas por hacer y territorio por explorar.

Algunas misiones no las descubres a no ser que estés cerca, y siempre necesitarás materiales para subir de nivel a personajes o armas. Además, como la exploración tiene recompensa dentro del juego, es muy común que los jugadores coloquemos distintos marcadores como recordatorios. Si necesitas un determinado material para subir a un personaje, irás señalando dónde encontrarlo. O puede que descubras una misión sin marcar que requiera que vuelvas.

Así, aunque el mapa sea una herramienta de consulta, es también un registro de lo que haces, de las zonas que estás explorando, de los lugares a los que no has llegado todavía, pero quieres ir.

Dibujar en el mapa es también una herramienta narrativa que va más allá del jugador. En *Red Dead Redemption 2* (Rockstar Games, 2018), Arthur Morgan es nuestro protagonista. Este hombre, que se considera a sí mismo demasiado rudo y tosco, nos muestra su lado más calmado en su diario, uno en el que, además de llevar un registro de los que ocurre, nos cuenta sus propios pensamientos y dibuja aquello que va viendo en el camino. El mapa, de igual manera, comienza vacío, pero va llenándose de dibujos suyos. Estos dibujos indican, normalmente, lugares de interés que hemos visitado, pero también dónde se encuentran determinados animales o plantas. El mapa de Arthur es, al igual que su diario, un registro de lo que ve, de lo que vivimos junto a él, del camino que hemos recorrido.

El mapa en los videojuegos es, sin duda, una herramienta interesante que ayuda a la narrativa de cada juego. A veces, sólo necesitas que el personaje haga una animación y lo consulte en tiempo real para que ya te transmita una sensación de continuidad. En *DayZ* (Bohemia Interactive, 2013), por ejemplo, los servidores oficiales ofrecen dentro del propio juego un mapa de la zona que puedes encontrar y abrir. Esto hace que consultarlo sea un riesgo, pues tienes que dejar de mirar a tu alrededor. La falta del mapa, por otro lado, es también importante.

LA AUSENCIA

Para concluir este artículo, me gustaría referirme a aquellos juegos que carecen de mapa. Juegos como *Bloodborne* (From Software, 2015), por ejemplo. Aquí lo principal es que el jugador investigue, que sea curioso, que no tenga ninguna guía. El diseño de niveles está pensado para guiarte al siguiente punto, pero también para que descubras por ti mismo el camino y los atajos. A veces es un objeto el que te tienta a buscar un camino, y otras veces llegas por error: estás luchando contra un enemigo, este te empuja, y de repente no estás donde creías estar. Y, por supuesto, no pocas veces saltarás desde algún punto intentando descubrir si hay algo más.

La falta del mapa en *Bloodborne* también podemos pensar que ocurre porque estamos dentro de un sueño (o una pesadilla). Cuando soñamos, la arquitectura de nuestro alrededor puede ser cambiante y carecer de lógica, y en *Bloodborne* pasa un poco igual. Hay calles llenas de coches de caballos que realmente no conducen a ningún lado, por ejemplo. O que llevan a escaleras. El urbanismo en el juego es confuso, pero ayuda a fomentar esa sensación de irrealidad, de estar atrapado en un sueño, y de que el mundo está conectado. Esto no se podría lograr si pudiéramos consultar un mapa.

Hay muchos ejemplos del uso del mapa en los videojuegos. Algunos lo utilizan como interfaz de juego. Otros carecen de él o no lo necesitan. Pero en líneas generales, el mapa es un acompañante del camino que recorremos. Es una guía, sí, pero también un registro de nuestros pasos, de los sitios que hemos visitado, de las misiones completadas. Principalmente lo utilizamos como herramienta, sin pensar mucho en su faceta más narrativa, pero no por ello dejan de fascinarnos.

"El mapa es un acompañante del camino que recorremos"

MESOGEIOS SEA

GREAT GREEN SEA

ENAIKA

HERAKLEION NOME

ALEXANDRIA

KANOPOS NOME

PARAITONION

MARMARICA

LAKE MAREOTIS

SAP-MEH NOME

KA-KHEM NOME

IM-KHENT NOME

OUNTAINS

SAPI-RES NOME

IMENT NOME

KHENSU NOME

QATTARA DEPRESSION

GIZA

INEB-HEDJET NOME

SIWA

ISOLATED DESERT

SAQARRA NOME

MEMPHIS

FAIYUM

BLACK DESERT

ATEF-PEHU NOME

WHITE DESERT

HAUERIS NOME

FAIYUM OASIS

WHITE DESERT OASIS

UAB NOME

DESHERET DESERT

Nicholas Kole

Texto **Nacho Requena** | Fotografía **María Jiménez López**

"La mano y el toque humano son insustituibles en el trabajo que hacemos"

Estamos en la terraza de un emblemático hotel, frente a la Giralda de Sevilla. Hace un día soleado y buena temperatura, a pesar de ser finales de febrero. Mientras preparamos la mesa donde vamos a realizar la entrevista, Nicholas Kole (Estados Unidos, 1987) aparece en escena. En cuanto nos vemos los dos, ambos soltamos un "¡por fin!" por un motivo: esta entrevista lleva cociéndose literalmente años.

Llevábamos hablando con el artista estadounidense desde antes de la pandemia. Sin embargo, entre restricciones y falta de hueco para realizarse online, la misma se fue demorando y postergando hasta más adelante. Gracias a un curso que imparte en una escuela de arte sevillana, Nicholas Kole y *Revista Manual* se pueden sentar y, "por fin", hablar. Logro desbloqueado, después de todo.

Como era de esperar, Kole saca su teléfono móvil y empieza a inmortalizar el momento. Está encantado con las vistas, con la Catedral de Sevilla, con la Giralda y con la ciudad en sí. Todo llama su atención, pero muestra una especial felicidad cuando ve allí los libros de arte de *Spyro the Dragon* y *Crash Bandicoot* que hemos traído, dos de sus trabajos más famosos y por los que es muy reconocido dentro del mundo del videojuego.

Hechas las pertinentes presentaciones e introducciones, Nicholas Kole nos comenta que utiliza Procreate para dibujar en el iPad y que "ahí tiene todo". El miedo a cuando se le ha perdido o roto es "uno de los momentos más aterradores de su vida". Y lo entendemos perfectamente.

¿Primera vez en España?

Segunda, ya que estuve en Madrid para un curso de Domestika. Estuve en el Prado y con algunos artistas que viven allí, así que pude conectar con ellos mientras tomábamos algo y explorábamos Madrid. Es hermosa, pero nunca he estado en Sevilla o Andalucía. ¡Es muy especial!

¿Y qué tal la experiencia?

Esto es impresionante (risas). No me lo puedo creer. Vivo en la costa oeste de Canadá en estos momentos, y la arquitectura de las ciudades es muy actual. No hay esta sensación de "historia". Estar aquí, entre la arquitectura y la cultura, incluso escuchando la música –que están practicando para la Semana Santa–, es como que se puede sentir la extensa historia de esta cultura y su comunidad de una manera que, simplemente, no existe en Canadá.

Es como estar en un juego de *Dark Souls* (risas).

Es como *Dark Souls*, sí (risas). Escuché también que *Blasphemous* se hace aquí, ¿verdad? Los dos juegos.

Sí, así es. Son buenos amigos y tengo el estudio detrás de mi casa, literalmente.

Increíble (risas). James Murphy, el otro artista que conozco de esta zona, ama los juegos. Ha intentado ir a ver el estudio en alguna ocasión, pero no ha podido ser.

¿Has jugado a *Blasphemous*?

Yo no, pero James sí. Me cuenta todo sobre los juegos. Por supuesto, ama el arte y el diseño tan fascinante e intenso que tiene. Ahora que estoy aquí, cobra todo el sentido del mundo. Sólo tienes que ver la arquitectura de las iglesias, escuchar la música, etc., y es como: "¡Oh! OK".

Ahora que ya hemos empezado a hablar sobre "el crear", ¿te metes mucha presión cuando toca hacerlo?

Creo que cuando trabajas en un proyecto en el que estás reimaginando algo que a la gente le encanta –incluido yo mismo, que jugaba a *Spyro* de niño con mi hermana, nos pasábamos el mando de uno a otro cuando moríamos y todo eso–, sabía que en cuanto lo lanzáramos al público, se lo mostraríamos a otras personas que lo amaban de igual manera. Así que me presioné a mí mismo, pero creo que me presioné a mí mismo porque sabía que sentiría el cariño por parte de la comunidad. Ya sabes: quería asegurarme de que estábamos haciendo lo mejor para las personas que más quieren al personaje. En algunas áreas, creo que tuvimos éxito; en otras áreas, las opiniones eran diferentes, pero fuimos con mucho respeto por *Spyro* y toda la historia de la franquicia, por supuesto.

¿Cómo es trabajar con una franquicia como *Spyro* y tener que reimaginarla?

¿Cómo es? Es difícil, muy difícil (risas). Es difícil porque hay muchas opiniones –incluso entre el equipo– sobre cuál es la mejor manera de interpretar los juegos antiguos. Es duro porque hay una historia y a la gente le encanta, pero también ha sido uno de los proyectos más emocionantes que he hecho nunca, porque a mí también me encantaba y tenía muy buenos recuerdos de mi infancia. Llegar a ser parte de ello se sentía tan fácil… Creo que cuando estás emocionado y amas algo lo suficiente, las cosas que son difíciles ni siquiera las notas como tal. Si no me encantara *Spyro* o *Crash Bandicoot*, entonces sería realmente difícil hacer todo ese trabajo, uno donde hay que intentar mantenerlo de una manera que parezca fiel [al original].

¿Dio Activision-Blizzard libertad en el proceso creativo?

Por supuesto. Creo que marcan la pauta desde el principio y deciden algunas de las cosas más importantes. Mi director artístico, Josh Nadelberg, que es estupendo y estuvo en ambos proyectos, mantuvo muchas conversaciones con Activision y las partes interesadas de la empresa sobre el aspecto visual y por qué tomamos esas decisiones, y eso se filtra al equipo. Intentamos hacer todo lo posible para aportar un poco de nosotros mismos al proceso. En concreto, creo que en *Spyro* teníamos, ya sabes, la tarea de adaptar los niveles y la jugabilidad exacta, pero hubo momentos, como con los dragones, en los que pudimos aportar un poco más de nuestra propia personalidad y forma de ver las cosas. Y me sorprendió mucho que Activision nos permitiera hacerlo. No hubo una gran pelea ni hubo ningún retroceso. El entusiasmo del equipo artístico hizo que cada paso del proceso fuera más divertido. Y luego creo que, en última instancia, lo que llegó al juego es el resultado de ese entusiasmo creativo.

¿Cómo ves toda la compra de Activision-Blizzard por parte de Microsoft y los despidos que ha habido en la empresa?

Es difícil, o eso creo, que las compras a esta escala tomen un ecosistema grande y complejo, y se pueda convertir en algo mucho más pequeño y manejable. No puedo hablar de las decisiones de negocio: no entiendo por qué se haría. Emocionalmente, las siento mal a nivel de artista porque parece un monopolio, pero lo que sé seguro es que ver a mis amigos, esa gente que realmente quiero, me preocupa y a la que admiro por haber trabajado con ellos, perder sus trabajos y sentirse tan poco apreciados por esta maquinaria que es la industria, pues me rompe el corazón y me frustra. Mi esperanza es que la energía artística y creativa que está saliendo

de ese estudio encuentre nuevos lugares donde expresarse; porque hay, de verdad, un increíble talento que se ha ido en ese proceso de compra.

Voy con un tema de mucha actualidad: hablemos de la inteligencia artificial.
Creo que la IA ya está llegando. De hecho, creo que, en cierto modo, ya está aquí. No creo que la fusión de Activision y Microsoft, así como la serie de despidos en toda la industria, sea culpa de la IA todavía. Esto lo supongo de nuevo, ya que no estoy a nivel ejecutivo para tomar esas decisiones, y es difícil entrar en su mente para saber qué deben estar pensando. Tal vez están anticipando un ahorro de costes, están reduciendo su fuerza de trabajo y pensando que la IA va a llenar algunos de los vacíos dejados por las personas con talento que han dejado ir.

Desde mi perspectiva, creo que, al menos, haciendo el trabajo de diseño de personajes, trabajando con modeladores y animadores en toda la industria, etc., la IA, en su forma actual, no puede hacer lo que hacemos. Literalmente, no puede. Puede imitar tareas de bajo nivel –e incluso las imita relativamente mal–, pero creo que, en última instancia, lo que hacemos, incluso durante el transcurso del diseño de juegos como *Spyro* o *Crash*, es profundizar en lo específico de cada diseño. Cada decisión es importante, y este es el tipo de cosas que los fans notan y de las que hablan mucho tiempo después.

Un proceso que se basa en la IA generativa no es específico de esa manera. Nos impide tomar ese tipo de decisiones. Nos impide establecer un estilo de arte cohesionado y pensar a través de los diseños, de manera que salga un juego del que la gente se preocupa y disfruta. Creo que pronto lo verás en otros juegos, pero apuesto a que notarás que falta algo que no sabes identificar.

Y desde la perspectiva de un artista, sé que lo que falta es esa particularidad y la intención de la gente que dedica su tiempo y esfuerzo, que piensa en cada paso del camino. Para Spyro, por ejemplo, no sólo echamos un vistazo general a su diseño, sino que fui muy específico incluso sobre el aspecto de sus patas. Mirando el fanart de los dibujos que la gente ha hecho a lo largo de los años desde que salieron los juegos originales, me di cuenta de que la gente ve a Spyro como una mascota, como un cachorro o un gatito; piensan en él como un amigo. Como resultado, la forma en que interpretan

su anatomía se parece más a la de un perro o un gatito: sus gestos y formas son interpretadas por los fans de manera más familiar. Intenté tenerlo en cuenta en esas pequeñas decisiones, como el aspecto de sus uñas o las patas en el juego, y se lo comunicamos al modelador. No creo que tengamos ese nivel de control.

¿Y cómo ves la IA en un futuro?
En el fondo, creo que la mano y el toque humano son insustituibles en el trabajo que hacemos. Creo que en el futuro vamos a ver que nosotros, como industria y como consumidores, tendremos que aprender de una manera complicada: pasar por un periodo de tiempo en el que veamos un montón de productos hechos con esta IA y reconocerlo no sólo desde una perspectiva creativa, sino también desde la del jugador/consumidor. Ya sabes, la gente que ve las series, que lee los libros, etc., empezará a darse cuenta de ese toque humano, de esa mente que trabaja en los detalles. Eso es lo que han amado todo el tiempo, aunque no sabían que tenían palabras para ello.

El ejemplo de Spyro es sólo uno pequeño, pero creo que tratamos de llevar esa energía y la atención al detalle durante cada día. Sin eso, no es más que un paisaje generado aleatoriamente en un videojuego, que se siente vacío de una manera que no se puede definir porque el ordenador está tomando todas estas decisiones sin intención. Y para que la IA llegue realmente al punto en que resuelva esos problemas, tendrás que tener cada vez más control sobre los detalles, y cuanto más control tengas sobre los detalles, más se parecerá a Photoshop o Procreate, ¿sabes? Porque cada línea que dibujamos es una oportunidad para tomar una nueva decisión sobre la siguiente línea que dibujamos, y el siguiente color que añadimos, así hasta los detalles microscópicos. Creo que vamos a ver mal arte. Vamos a ver malos juegos (risas). Vamos a ver algunos éxitos que tendrán más que ver con otros elementos del equipo que no tienen que ver con la IA.

Creo que a medida que nosotros, como industria, empecemos a experimentar con la IA, vamos a recordar por qué hacemos esto con la gente y con nuestras manos. En última instancia, la IA parece ser una solución a un problema que no tenemos. Los ejecutivos nos ven potencialmente como un engranaje dentro de una gran máquina, ¿sabes? La IA está tratando de resolver el problema de que existimos, pero yo tengo la intención, de cualquier manera, de luchar hasta el final. Voy a dibujar y voy a diseñar, y vamos a hacerlo a mano y con una firme intención, de la manera en la que me sea posible. Incluso si perdiera mi trabajo –si eso sucede alguna vez–, he querido hacer esto desde que era un niño: me ha encantado hacer esto desde que podía sostener un lápiz. No veo un mundo en el que pueda parar. No creo que haya un mundo en el que no quiera expresarme, así como formar parte de un ciclo donde también recibo arte de otras personas. Eso me inspira, también el querer crear arte que inspire a otras personas.

Al final, todo está relacionado con el ahorro de costes, con el dinero, con los accionistas de la empresa.
Sí, exacto. Las semillas de su propia destrucción están dentro del vientre. Creo que lo vemos en el diseño de los juegos, con todo tipo de decisiones que se toman: cajas de botín, la mecánica gacha, los anuncios publicitarios en medio del gameplay que son anticonsumidor, etc. Todas son situaciones que la gente odia porque todo está destinado a hacer dinero. Y podemos verlo de forma transparente cuando jugamos como jugadores. Creo que la IA no es más que otra cabeza de esa hidra.

Un contenido efímero que da dinero y listo.
Un TikTok exitoso, sí: es contenido, pero no lo es. No tiene el cuidado y la atención al arte. Es sólo para conseguir clics y llenar un espacio durante un breve periodo de tiempo. Creo que nuestro espacio [como artistas] se reducirá un poco, pero espero que no para siempre; no veo que la comunidad se canse del delicado arte hecho por humanos que buscan divertirse.

Es una manera de sentirnos realizados a nivel espiritual. Sé que suena ridículo cuando estamos hablando de, ya sabes, productos que son franquicias y esas cosas. Pero realmente creo que funciona mejor cuando traigo recuerdos positivos de mi infancia al proceso y a los compañeros de equipo con los que trabajamos, como en *Crash Bandicoot*. Yo tenía una mayor conexión emocional con *Spyro*, pero con compañeros como James Loy Martin, que es increíble –está por todas partes en este libro [señala el libro de arte]–, se podía sentir su alegría y sus recuerdos de la franquicia, de Crash y de los personajes, ese sentimiento cada vez que aportaba su arte.

Eso es hermoso e importante, y creo que los fans lo ven en el producto final. Así que no veo que esa parte vaya a desaparecer. Si eso significa que tenemos que hacer pequeños eventos y una especie de meet & greet en la vida real, e Internet se

convierte menos en un lugar para el intercambio de este tipo de cosas, entonces tal vez ese sea el futuro.

Creo que la máquina siempre ha sido "una máquina capitalista sin emociones". Pero las cosas que jugamos, que vimos o que leímos cuando éramos niños son las cosas que de alguna manera "escaparon", que lo hicieron poniéndole un poco de corazón. Cuando pienso en esas experiencias originales jugando a *Spyro*, incluso en la tecnología de la PlayStation 1, veo al equipo de arte que sobresalió, que fueron más allá en cuanto a los colores y las sensaciones, la manera en la Stewart Copeland trajo la música, etc. Había un sentimiento que estaba vivo y que iba más allá de lo necesario para hacer dinero: sólo lo era lo absolutamente y mínimo necesario para hacer llegar el producto a los consumidores. La gente se divertía y podías sentirlo.

La IA no tiene sentimientos (risas).
No se divierte (risas). Creo que cuantas más cosas sean hechas por IA en un futuro, más preveo que las cosas hechas con emoción y sentimiento se destacarán más. Se verá una profunda diferencia. A pesar de que tengamos que aguantar un tiempo en este ciclo que se retroalimenta a sí mismo, creo que podríamos llegar a un lugar donde ambos actores, miembros de la audiencia y creadores, entiendan el valor de cada uno.

Vamos a cambiar de tema (risas).
No, no, sin problemas (risas).

Pregunta que le hago a todo creativo, ¿de dónde saca Nicholas Kole la inspiración para crear?
Puede que haya un par de respuestas a esa pregunta (risas). Me criaron como ilustrador. Mi madre es una increíble artista, y mi padre es periodista, así que entiendo muy bien el tipo de relación que tenéis (risas). Quizás también criéis a otro Nicholas Kole (risas). Creo que las artes y la importancia de las mismas siempre se entendieron al crecer en nuestra familia, pero creo que la inspiración viene del encuentro con el arte cuando se está en edad formativa, donde se despierta algo en tu interior. Para mí, esta vino de todas partes, es decir, se estaban haciendo videojuegos increíbles, había libros y películas maravillosas, etc.

Ahora mismo estoy trabajando en *Lorcana*, el videojuego de cartas, y existe una parte de ese trabajo en la que se podría hacer un ejercicio muy cínico sobre la gestión de la marca,

THE ART OF SPY

THE ART OF CRASH BANDIC

pero no puedo vivir de esa manera. Cada vez que me siento y recibo el encargo para nuevas cartas, pienso en la película, en los artistas implicados, y me emociono. Tengo esas mariposas pensando en los diseñadores de personajes que estuvieron antes que yo y establecieron estos increíbles iconos en los que yo puedo participar para darles vida. Esas primeras películas de Disney, crecer rodeado de historias y leer *El Hobbit* o *El Señor de los Anillos*, jugar a juegos como *Spyro* o *Pokémon* fue muy formativo.

Me encanta *Pokémon*. Recuerdo el momento en el que conseguí esos cartuchos. Mi abuela me los compró –creo– y sé exactamente en qué habitación estaba. Puedo recordar la textura de la alfombra. Me cambió la imaginación explorar ese mundo y jugar a esos juegos a esa edad. Es muy difícil no querer participar en todo ello cuando estás tan emocionado descubriendo cada nuevo monstruo o criatura, jugando al videojuego mientras lo comentas con tus amigos o intercambias cartas. Es muy fácil recordar esa emoción, así que sientes que quieres participar para poner un poco de eso en el mundo.

Vale, ahora tengo que preguntártelo, ¿qué Pokémon es tu favorito? [antes de terminar la pregunta, ya había respondido].
Es Bulbasaur (risas).

Vale, esta era una (risas). La otra, ¿cuál es tu juego favorito de *Pokémon*?
Diría que los dos primeros, *Rojo* y *Azul*. Sé que esto es lo más básico: el *Pokémon* número uno y el juego número uno.

¿Y por qué Bulbasaur?
¿Que por qué? No lo sé (risas). Es como muy pequeñito y genial. Me encanta su paleta de colores y tiene un poco esa actitud gruñona; hay algo que siempre me ha atraído de él. Creo que todo lo que me gusta de *Pokémon*, como diseñador de personajes, es que tienen una gran variedad. Todo el mundo encuentra uno que realmente ama, con el que conecta. Y quizás sean muchos, ya que cada Pokémon de los ciento cincuenta y uno originales y siguientes puede ser el favorito de alguien. Eso es inspirador para mí. Quiero de verdad diseñar personajes como esos.

Tu madre es artista. Tu padre es periodista. ¿Qué lección aprendiste de cada uno que te lleves a tu trabajo?
Lo básico. Mi madre me puso un lápiz en la mano y me enseñó a dibujar un círculo y a sombrearlo. Me enseñó a

mirar una figura humana, a empezar a entender las formas bajo la superficie. Creo que mi padre me dio un amor por las historias escritas. Creo que esos son siempre los lugares en los que me siento más a gusto: donde lo visual y la historia se combinan.

Creo que mi madre también, al trabajar en la industria y ser freelance, ya sabes, me enseñó a tener respeto por mí mismo y a saber valorarme. Creo que es muy fácil que, como artistas, tengamos una sensación de inseguridad, de que siempre hay alguien mejor que tú, y por esa inseguridad podemos infravalorar el trabajo que hacemos, negociar malos acuerdos o que se terminen aprovechando de nosotros. Siempre me he sentido agradecido por verla luchar y valorarse a sí misma, ese lado del negocio de existir como artista en este mundo. En cuanto a mi padre, siempre ha sido un apasionado de su trabajo y se lanzaba a por él. Verlo tan comprometido, pero sin dejar de lado ese espíritu de generosidad de tomar su tiempo para quedar con amigos y demás. De vivir una vida. Esas fueron algunas cosas.

Has hablado de un punto muy importante como artista: el síndrome del impostor. ¿Cómo lidias con él?
A veces, me resulta abrumador. He tenido mucha suerte de estar en salas con gente que creo que son increíbles en lo que hacen. Sé que son increíbles, puedo verlo en cada pieza que hacen, y sé que la persona que está a mi lado es alguien cuyo trabajo está a un nivel que yo todavía sueño con alcanzar algún día. Su imaginación y esas cosas. Es difícil no dejar que eso me haga sentir miserable con mi propio trabajo y lo lento que va, pero trato de verme a mí mismo con "gracia".

Hay dos cosas que trato de recordarme a menudo. La primera es que tu éxito no es mi fracaso. Está bien que otras personas no estén relacionadas con mi lucha. Simplemente tienen éxito haciendo un trabajo maravilloso y prosperando. Esto no tiene que ser algo que se relacione o refleje directamente en mí. He tratado de aprender realmente a ser feliz por mis compañeros y amigos, sin estar celoso de ellos.

Esa es una cosa, la otra es que trato de pensar en cambiar "el escenario". Si estuviera en la habitación con un niño que está intentando aprender, ¿le hablaría de la misma manera en la que me hablo a mí mismo? ¿Sería útil? ¿Pensaría en ir con alguien, no sé, a clases de piano y decirle que "estás tocando como una mierda"? Esto es terrible. No tienes por qué ser Mozart, ¿sabes? ¿Es eso útil? ¿Ayuda en algo? No lo creo en absoluto. Cuando pienso en qué le diría a otra persona, me doy cuenta de que las cosas que me digo a mí mismo son crueles, innecesarias y poco útiles.

¿Te consideras un artista autodidacta?
No (risas). Estoy orgulloso de no ser autodidacta. Fui a la Rhode Island School of Design y mi madre me enseñó lo básico. Cuando empecé a "subir", creo que en cada paso del camino me he beneficiado del tiempo y el esfuerzo que los profesores pusieron para tratar de transmitir algo en mí. Estoy muy agradecido por eso.

¿Cómo describirías el método creativo de Nicholas Kole?
Creo que una cosa que sorprende a la gente sobre mi proceso creativo, la forma en la que lo enfoco, es que intento no dibujar durante el mayor tiempo posible al principio del proceso. En concreto, cuando diseño personajes, intento pararme, detenerme y pensar para elaborar mapas mentales e ideas, ahondar en mi propia imaginación y tomar notas. Normalmente, empiezo con muchas palabras antes de empezar a dibujar. Es difícil no quedarse atascado allí a veces y tener miedo a dibujar, pero me doy cuenta de que si me adentro en las preguntas del tipo "¿podría ser esto?, ¿podría convertir la cola en una mano?, ¿podría tener cuatro ojos, tres o ninguno?", sin precipitarme en el proceso de esbozo y parándome a pensar en lo que quiero conseguir y en lo que me inspira, me preparo para un mejor dibujo al final. Bocetos sueltos, mucha investigación y traer referencias, ya sabes.

Suelo traer este ejemplo a menudo, que no sé cómo vas a traducirlo a la cultura española (risas). En los Estados Unidos, cuando estás en la escuela, te dicen que dibujes un pavo, así que cada niño pone su mano sobre el papel y traza la forma de un pavo con sus dedos. Ponen un pequeño pico aquí y todos sus dedos se convierten en plumas. Así es un pavo. La mayoría de los niños americanos al decirles "un pavo" todavía se imaginan el pavo que dibujaron con su mano. Creo que, para nosotros, la mayoría de las cosas, cuando no las hemos visto en mucho tiempo, se vuelven abstractas en

nuestra mente. Tenemos una caricatura de las cosas. Pero si buscas en Google "pavo", verás que están cubiertos de pliegues, verrugas, texturas y plumas.

En el momento en el que me meto a investigar, y después de haber reflexionado largo y tendido sobre algunos bocetos, es cuando siento que descubro cosas completamente nuevas que no esperaba. Salir a pasear e ir a un museo, a un zoo, a un acuario, etc.; es muy inspirador cuando tengo el lujo de disponer de ese tiempo. Puedes pensar que sabes cómo nada un pez o cómo camina un lagarto, pero en realidad no lo sabes hasta que te sientas y los observas.

En España es "con un seis y un cuatro, hago la cara de tu retrato" (risas).
Nunca había visto esto (risas). Y encima rima. Es genial. Puedo ver la nariz y el tipo de ángulo en el suelo.

La mayoría de la gente que no dibuja para ganarse la vida y pensar en ello todo el día, piensa en figuras de palo y líneas muy simples, y el mundo es tan complejo que es muy difícil traducir toda esta información visual. Necesitamos algo resumido, abreviaturas y dibujos para comprender lo que estamos mirando, pero siempre es importante mirar a la fuente e inspirarse en la vida real en la medida de lo posible.

Yo trabajo en el iPad, así que empiezo a tomar bocetos y me pongo una capa blanca a baja opacidad. Me gusta el papel de calco, así que voy subiendo y subiendo los detalles. A medida que me vuelvo más preciso con mis líneas, también me vuelvo más preciso con mi pensamiento. Las decisiones sobre las texturas y los diseños de los trajes llegan en el momento en el que mis líneas empiezan a ser más precisas. Trato de no pensar en ellas demasiado pronto, pero me permito empezar a tomar decisiones específicas (como si el cinturón tiene una hebilla, que se ve de una determinada manera) sólo más adelante en el proceso. Si empiezas demasiado pronto a pensar en las uñas de tu personaje, estás perdido.

"La IA, en su forma actual, no puede hacer lo que hacemos.
Literalmente, no puede"

147

¿Qué piensas del concepto de "talento"?
Creo que "talento" es una palabra que usamos para lo que es la pasión y la habilidad combinadas. La mayoría de las cosas que hacemos como artistas se pueden aprender con la práctica a lo largo del tiempo, pero creo que lo que vemos es que no todos los que practican tienen éxito. Esta es mi sensación personal, pero creo que, la mayoría de las veces, la diferencia es la pasión que te impulsa a ser tan terco que no vas a renunciar a ello.

Si realmente quieres dibujar y amas dibujar, esto te motivará a hacer todas las repeticiones para construir tu habilidad. Creo que eso es lo que solemos llamar "talento". Algunas personas tuvimos la suerte de nacer en una familia donde estábamos apoyados por personas entusiasmadas por el dibujo, por lo que me dieron un gran refuerzo positivo. Para mí, fue fácil desarrollar mi pasión en ese entorno. Siempre me sorprende e impresiona conocer a gente que quería ser artista y que creció en una familia o entorno donde no se le animó en absoluto a hacerlo. Eso requiere de mucha pasión y fuerza.

Todos los niños dibujan mal. Nadie nace dibujando como Miguel Ángel o parecido (risas). Todos nos desarrollamos con el tiempo, y algunos lo dejamos cuando recibimos comentarios negativos o empezamos a sentirnos desanimados. Creo que puede haber algo en lo físico, pero no somos jugadores de fútbol con una perfecta estructura ósea, criados por una larga estirpe de futbolistas perfectos que tienen las pantorillas como Dios (risas). No tengo una muñeca especial: podría dibujar con mi nariz, podría dibujar con mis pies –y la gente lo hace–. No creo que sea una cosa física. Creo que todo está en la mente.

¿Cuál es tu artista favorito?
¿El favorito en general? Hayao Miyazaki y las películas de Studio Ghibli son lo mejor del mundo. Creo que, como artista, no se trata de cómo dibuja, sino de cómo piensa. Veo una mente activa que investiga sus propias emociones, el mundo que lo rodea, y lo transforma en personajes y narrativa, lo cual me parece muy inspirador. Es trabajo constante, siempre mejorando.

Dejando de lado a Miyazaki, que es una especie de deidad en el mundo del arte en ese sentido, estoy realmente impresionado con artistas como Ami Thompson, que trabaja en Disney y otros estudios de animación. No estoy seguro de dónde está ella ahora, pero ha trabajado en todo tipo de

películas como *Raya y el último dragón* o *¡Rompe Ralph!*, y ni siquiera sé si ha sido en las películas en sí. Si te pones a mirar a través de un libro de arte, cada vez que me detengo y hago una pausa en un dibujo es como: "Guau, es especial". Nueve de cada diez veces, el nombre de Ami Thompson está en la parte inferior de la página. Alexandre Diboine, alias Zedig, es también increíble. Otra mente en el trabajo muy inventiva. Siempre se le ocurren ideas que me impresionan.

¿Lees manga o ves anime? ¿Tienes alguno favorito?
La respuesta es tan sencilla y directa como el manga de *Nausicaä* de Miyazaki. Creo que hizo algo realmente increíble ahí. Llevo mucho tiempo intentando leer a Akira [Toriyama], pero es demasiado. Estoy intimidado (por su obra), pero creo que la proeza artística de Toriyama es increíble; es algo realmente impresionante.

De niño estaba fascinado con *Escaflowne*, un programa de anime de mechas de los años noventa con temática shojo. Un poco como *Gundam*, pero tienen capas, espadas, dragones y mechas (risas). Mola bastante. También una gran banda sonora. Lo mejor de ambos universos. Mi mujer y yo la volvimos a ver hace poco y fue muy divertido.

¿Y tu juego favorito?
Sé que a nadie le gusta esta respuesta porque es relativamente oscuro y un juego difícil, pero siempre me ha gustado *Riven*, la secuela de *Myst*, de la década de los noventa. Estás tratando de resolver esos puzles tan difíciles que cuando los resuelves, te sientes muy listo y muy inteligente (risas). Es mi ejemplo favorito de un juego donde los artistas y los diseñadores pasaron todo su tiempo inventando y ocultando detalles. El objetivo del juego como jugador es descubrir cuáles son esos detalles. Así es cómo me gusta pensar incluso trabajando en cosas como *Spyro*: me gusta pensar que escondo pequeños detalles en el juego para que los jugadores los descubran más tarde cuando lo jueguen.

Pues hasta aquí llegamos. ¡Muchas gracias, Nicholas!
Son encantadores. Este sitio es muy bonito (risas).

Una década de físico

Texto **Nacho Requena Molina**

No es fácil aguantar más de una década en la industria del videojuego. Poco a poco vemos cómo las compañías punteras cierran por diversos problemas económicos o despiden a decenas de trabajadores, más aún tras la crisis que ha sufrido el sector durante 2023 y 2024. Aguantar estos envites es complicado; si encima se logra crecer durante estos periodos, la hazaña debe ser doble motivación de celebración.

Meridiem Games puede presumir de todo ello desde que iniciara su andadura en el año 2014. Además, con una complejidad añadida: la de editar videojuegos físicos en un momento donde el digital es la nota predominante. "Yendo hasta 2014, yo venía de la industria, de diez años en otras empresas. Hubo un momento donde vi un hueco y lo vi claro. FX estaba ya bastante mal, empezaba a perder licencias, y yo no estaba del todo a gusto donde estaba, así que vi el momento. Una de las licencias que tenía FX era la marca Kalypso y dije: 'Si a FX le va mal y no edita juegos, ¿por qué no hay una empresa que coja los juegos? Ahí empezó un poco a generarse la idea", comenta Sergio Palacián, CEO de Meridiem Games, en una entrevista para *Manual*.

Comenzar un proyecto siempre es complejo por múltiples motivos, pero hay uno que suele ser recurrente cuando no se viene con un fuerte sustento económico tras de sí: nadie confía en la idea, sobre todo si se trata de bancos o prestamistas. "Todos los bancos te rechazan hasta que uno te acepta con una línea de crédito pequeñita", apunta Palacián, quien tiene claro qué título fue el más difícil de traer de todo su

catálogo. "El primer juego fue el más complejo, ya que no tenía dinero para pagarlo, imagínatelo. Te puedo decir hasta cifras: no sé si eran más de doscientos mil euros, y yo tenía una línea de crédito de Bankia de treinta mil euros. Siempre hay peleas con contratos y todo eso, pero ese fue el más duro. Ponte en mi piel, Nacho: haber dejado la empresa donde trabajaba desde hacía diez años, irme de la nada, sin un duro, con dos hijos y con la que está cayendo. Pero es que para poder coger la línea de crédito me avaló todo Cristo. Hablé con mi madre, mi hermano, metimos el sueldo de mi mujer… Hombre, si llega a salir mal… Yo estaba muy confiado. Siempre he sido muy cabezón y peleón".

"Preparar todo eso y decir: 'Venga, yo saco este juego en mayo, cobro en julio, recupero y gano dos mil, etc. Montar el puzle de toda la primera operación, de los juegos que estaban en ese contrato, que era un tocho de cincuenta páginas. Imagínate decirle: 'No sé cómo te voy a pagar, pero te voy a pagar'. Ese juego es el más jodido de todos. Se cruzaron los astros, pero aceptaron la oferta en lugar de irse con un Koch Media o un Namco", concluye Sergio al hablar sobre los orígenes de la empresa.

A partir de ese momento, Meridiem Games inició su andadura con sólo una persona, aunque no tardó en unirse una segunda. "Empezamos siendo uno: yo solo (risas). Rubén Gutiérrez, Brand Manager, entra al mes, a media jornada, con la oficina siendo la cocina de la casa", indica Sergio. "Fuimos cogiendo los derechos de más juegos: con Daedalic también llegamos a un acuerdo para *Randal's Monday*. Luego

ya fuimos a Gamescom, se cruzaron de nuevo los astros, conocimos a una persona que llevaba *Pillars of Eternity* y *Divinity: Original Sin*, y cerramos los derechos de estos juegos. Estos fueron los inicios: pegándote (risas)".

Los juegos iban firmándose y la empresa empezaba a despuntar. Sin embargo, hay una pregunta clave que no teníamos más remedio que realizar: ante el grado de amateurismo existente, ¿dónde se guardaban los títulos que llegaban? "El almacén era de un amigo mío que tenía uno y me hacía los portes gratis (risas)", responde el CEO. "Unas historias… Cuando llegaba mercancía y no estábamos allí (por estar en un evento), llamábamos a los vecinos para que cogieran los palés y todo eso. Desastroso (risas). Luego ya empezamos a meter a gente a media jornada, completa, etc., así durante tres o cuatro años. Ahora somos doce personas. Empezamos con un listado de lanzamiento de diez juegos el primer año y ahora tenemos trescientos".

Aunque los inicios fueron muy complicados, Sergio Palacián reconoce que las aguas se calmaron cuando ya tuvieron tracción: "Sí que es verdad que hay cosas que nos han venido rodadas. El boca a boca ha hecho mucho. Por ejemplo, que Quantic Dream te llame a la puerta es como: 'Hostias'. Son cosas que te dicen que algo se está haciendo bien: cuando vas cogiendo muchos publishers, ya entre ellos se han ido hablando y han venido a ti para que distribuyas sus juegos", resalta.

Entre tanto tono empresarial, también hay momentos para satisfacción personal, de esos que permiten saciar el amor por el videojuego. No todos los días uno se convierte en una editora que saca juegos en físicos, de ahí que alguno llene el corazón seguro por esas experiencias del pasado. "Uno en concreto, ¡uf! (risas). Mira, en 2015, en Gamescom, veo *Syberia*, de Microids. Yo a *Syberia* lo conozco de toda la vida, y cuando lo vi ahí dije: "Meridiem tiene que llevar esta marca". No sé cómo lo hicimos tampoco (risas). Yo creo que se sentó allí todo el mundo, conseguimos convencerlos, y hoy en día con Microids tenemos una fantástica relación y les llevamos muchos juegos. Ese me hizo muchísima ilusión", resalta. "Personalmente, podría decir también *Metal Gear Solid* a lo mejor. Me ha hecho mucha ilusión. Me tocas un sentimiento. Decir: 'Hostias, es que llevamos *Metal Gear Solid*, ¿eh?'. Además, sin saberlo, no podíamos decir nada".

Diez años dan para mucho, también para anécdotas. Siempre nos gusta preguntar por alguna en nuestras entrevistas, ya que estas desvelan cauces habituales de la industria que a veces se olvidan. A la hora de sacar una, Palacián lo tiene clarísimo: "Tengo una que ahora te ríes, pero en su momento… lo pasé muy mal. Teníamos un acuerdo de un juego de granjas, que era *Professional Farmer 2014*. En el año 2014, para coger contratos ya te puedes imaginar que no éramos nadie y debías hacer el pago por adelantado. En esa época, con los juegos de granjas había como una especie de 'boom', pues de este teníamos mogollón de reservas, y había que pagar por delante no sé cuánta pasta era. Se paga por adelantado; vale. El juego iba a llegar al mes siguiente o dos… y no llega. Escribimos un mail… y no contestan. Escribimos otro mail…

y no contestan. Llega el verano y no contestan. Después de cincuenta mails, me contestan por fin: 'Sí, perdóname, hemos estado muy liados y tal cual'. Imagínate la de pasta invertida: estoy hasta el cuello y necesito el juego para recuperar la inversión. Llega el puto juego y cuando lo hace… se llama de otra forma (risas). No me lo podía creer: no se llamaba así. Cuando llego al almacén de mi colega y digo: 'Esto no es lo que he pagado hace seis meses'. Esta es graciosa (risas). Las unidades que pedimos, las vendimos. Y a otra cosa. Pero después de tantos meses esperando y me llega otro juego… (risas)".

Esta entrevista va llegando a su fin. Sin embargo, queríamos preguntar a Sergio, antes de concluir, por una frase que aquí en *Manual* nos han dicho mucho: el físico está muerto. "El físico no está muerto, no es verdad. No puedo dar datos exactos –hablo de España–, pero cuando empezamos con Meridiem me decían: 'Tú estás loco, esto está muerto'. Han pasado diez años y sigo oyendo lo mismo. Pasarán otros diez e igual. Tú imagínate una Navidad sin un regalo que sea un juguete o un videojuego. Se perdería algo esencial. No va a pasar, te lo aseguro. Imagínate toda la industria: muchos puestos de trabajo, muchas empresas que cierran. Yo creo que ni Nintendo ni PlayStation lo permitirían: mueven muchas unidades físicas", finaliza.

La charla con el CEO de Meridiem Games no da para más. A la editora española le seguimos pidiendo que sigan trayendo videojuegos físicos para los que somos amantes del medio, aunque este es un deseo que ellos también

persiguen: "Me gustaría que todos siguiéramos tan bien, con la misma línea que llevamos. Seguir trabajando a gusto, felices y que venir a la oficina sea motivo de alegría. Los jugadores quieren seguir comprando juegos físicos –y el que diga que no es mentira–. Seguir dando valor a esas ediciones, que no vengan peladas. Seguimos con esa mentalidad. ¿Que a lo mejor tiene un coste para la empresa y ganamos menos? Pues a lo mejor ganamos menos, es verdad, pero le damos un valor. Es como pasa con *Manual*: la abres, la hueles (risas) y luego me siento a leerlo y no es lo mismo que leer algo en digital. El placer de sentarte, tomándote tu café, no es lo mismo que abrir el móvil y leer una web. Lo siento, pero no es lo mismo (risas)".

Arrowhead Game Studios

NIVEL 04

PRAXIS DE LA IMAGEN VIDEOLÚDICA

La imagen en el videojuego habla de muchas maneras diferentes, ¿pero dónde se establecen los límites y qué es lo que la define?

Texto **Ruth García Martín** | Ilustración **Massive Monster**

Pantallas de inicio, menús, cinemáticas, pantalla de juego. Antes de jugar, percibimos el videojuego como imagen que intercede entre yo como jugadora y el mundo ludoficcional que propone un título dado, imagen que nos sirve para "ver" dicho mundo e interpretarlo. Por tanto, una de las principales funcionalidades de la imagen videolúdica es la epistémica: nos sirve como herramienta de conocimiento, ya que nos da información de los lugares y entidades que pueblan un mundo ludoficcional dado y cómo podemos interactuar con ellos.

En la pantalla de juego inicial aprendemos rápidamente cómo y por dónde nos podemos mover, de qué forma interactuamos con los objetos y/o personajes amigos o antagonistas, de qué forma se configuran inventarios, etc. A nivel del estudio de las imágenes, esto significa que lo esencial de la imagen videolúdica es que es un tipo de imagen con capacidad de ser manipulada de diferentes formas, y que para que este tipo de imagen suceda debe producirse una recepción activa por nuestra parte frente a la recepción pasiva de la imagen estática o de las imágenes en movimiento.

Las posibilidades de manipulación se corresponden con las posibilidades de exploración y entendimiento del mundo ludonarrativo que nos propone un juego. En los paisajes de cualquier videojuego, hasta del más "simple" o abstracto, el espacio se modela y virtualiza con fines lúdicos, por lo que su capa topológica –lo que es el espacio de juego– prima sobre la topográfica –que es la representación espacial que vemos en pantalla–. La tensión entre la capa topológica y la topográfica se formula en la composición del espacio-imagen videolúdico de la siguiente manera: existe un espacio tangible –que es el espacio de juego con el cual podemos interactuar–, un espacio no interactivo y un espacio intangible conformado por las cuantificaciones y símbolos que derivan de la acción del jugador.

La jugabilidad es, por encima de todo, topológica, aunque conceptualmente ambas capas constitutivas están superpuestas siendo independientes entre sí. Parafraseando a Espen Aarseth, los videojuegos pretenden representar el espacio de forma cada vez más realista, pero se basan en su desviación

de la realidad para hacer jugable la ilusión. Es por esta razón que este espacio-imagen siempre debe contemplarse como arquitectura, en el sentido de que es un entorno totalmente construido con algún propósito relacionado con la jugabilidad. Y mientras soporta dicha jugabilidad, el entorno de juego nos informa y entretiene en sí mismo.

El espacio de juego es el espacio navegable en el que podemos movernos, y su organización guía o limita nuestras acciones al implicar ciertas restricciones de movimiento, de exploración, la ocultación de ciertos elementos, de espacios y de obstaculizar el avance si no superamos satisfactoriamente una prueba de habilidad. Desde esta perspectiva, el espacio de juego siempre es un espacio de posibilidad, puesto que nos propone un punto de partida y las distintas soluciones son parte del espacio de posibilidad que un videojuego propone.

De la forma en que lo haga resultará la sensación de corporeidad o encarnación que tengamos y, por extensión, parte de la satisfacción, placer o diversión que nos producirá. Es decir, disfrutamos tanto de "estar" como de "hacer", aunque haya una diferencia entre lo que podemos sólo ver y lo que podemos ver y, a la vez, interactuar de alguna forma con ello. Por tanto, recepción e interacción son indisociables si hablamos de imágenes con relación a los videojuegos. La interacción está incluida en la percepción de lo que vemos en pantalla, incluida la variedad de modos visuales que puede ofrecer un mismo juego, es decir, pantallas de inventario, menús, mapas, cinemáticas, etc.

La comprensión individual de una imagen videolúdica y el efecto que nos produce está relacionada con la expectativa que tenemos sobre ella, la cual está fundamentada en nuestra experiencia estética intersubjetiva previa. Es decir, cuando jugamos a un nuevo juego perteneciente a un género dado, o cuando jugamos a un nuevo título de una saga, nuestra expectativa ante ellos depende de nuestras experiencias previas con ese género o saga. Y si lo hacemos con un género nuevo, nuestra expectativa estará influenciada por lo jugado hasta ahora.

Como decíamos al principio, antes de poder jugar debemos percibir el videojuego como una imagen. Esta se construye a partir de distintos regímenes gráficos que describen la relación que se establece entre lo que vemos en pantalla y la disposición y actividad del que juega. La inteligibilidad de un videojuego depende de cómo esté organizada esta mediación visual. Dichos regímenes gráficos incluyen la representación mimética de la ficción, la simulación espacio-temporal y todo lo que tenga que ver con la representación visual basada en las reglas e impulsada por la agencia del jugador, es decir, la interacción.

La representación mimética de la ficción de un título es lo que se conoce comúnmente como "arte de un videojuego". Desde los iniciales artes conceptuales hasta el arte visual final, estos nos dan información (visual) de la narración ficcional de un mundo ludonarrativo. Los libros de artes de videojuegos nos sirven para recrearnos en la construcción de las historias que desarrollan esos mundos. Buenos ejemplos de ellos los tenemos en los artbooks de las sagas *Dark Souls*, *Zelda*, *Blasphemous* o de títulos como *Cult of the Lamb*, por citar algunos de mis favoritos.

En este apartado, nos podríamos detener en los distintos tipos de estilos visuales, desde los más abstractos o estilizados hasta los que siguen más fielmente la tradición pictórica perspectivista, y materiales gráficos —polígonos en tiempo real, polígonos renderizados, gráficos rasterizados, vectores gráficos o imágenes digitalizadas— con los que se ha desarrollado la apariencia final, pero en este texto nos gustaría centrarnos un poco más en las otras dimensiones que conforman la construcción de la imagen del videojuego, dada su relación más directa con la interacción.

Cuando reflexionamos que la imagen de un videojuego puede categorizarse como una imagen producida por un dispositivo tecnológico (imagen técnica), dispositivo que tiene

cualidades que encontramos en los ordenadores —cuando no es directamente uno—, es fácil concluir que estamos ante un nuevo tipo de imagen que plantea parámetros estéticos propios y novedosos. Nuestra manera de acercarnos a ella difiere de la imagen estática y la imagen en movimiento sin importar si el soporte de captación es analógico o digital, y deriva de su conceptualización como forma interfaz propuesta por Catalá.

Esta forma interfaz debe entenderse como una manera de pensar nuestra relación con la realidad que se materializa en un espacio visual-virtual con propiedades interactivas y con el conocimiento que se genera. La digitalización ha comportado nuevas maneras de entender las imágenes y de expresarlas, que implican nuevos modos de ver y mirar para captar toda su complejidad. Empezando por su carácter fluido —espacio-temporalmente hablando— y que en el medio videolúdico se plasma en su presentación de pantallas-mundo explorables internamente.

La condición de fluidez está estrechamente ligada a la de interacción, que es una manera de relacionarnos con este tipo de imágenes. Los límites de las imágenes interactivas no se encuentran circunscritos a lo que vemos en pantalla y lo que potencialmente está fuera del marco, sino que incluye todos los tipos de periféricos necesarios para relacionarnos con lo que vemos en pantalla, los cuales no dejan de ser distintos tipos de dispositivos tecnológicos en sí mismos. Mandos, teclados o ratones se convierten en parte necesaria, ya que deben estar presentes para que la visualización sea operativa y la imagen interactiva desarrolle su potencialidad.

En el videojuego se anula la distancia representación-espectador. Yo, como jugadora, adquiero la categoría de cocreadora de la imagen, dentro de los parámetros permitidos por las reglas y los algoritmos por lo que se materializa una nueva combinación de mecanismos de identificación y distancia-

"Los videojuegos se basan en su desviación de la realidad
para hacer jugable la ilusión"

miento: mientras que experimento transformaciones mentales, actúo y manipulo (transformo) la imagen como reacción a esa transformación mental. La visualización concreta de mis acciones corporales depende de la posición y manejo de los periféricos utilizados. Hay, por tanto, una bidireccionalidad entre el espacio visible-virtual y el sujeto-jugador.

En los videojuegos de las últimas generaciones, gran parte de la condicionalidad de la imagen videolúdica y la ilusión de presencialidad está relacionada con que la imagen se genera cuasi en tiempo real bajo los principios de representación recogidos en los algoritmos. El espacio representado que contiene, recordemos, la capa topológica y la topográfica, se va creando debido a y en función del movimiento que realizamos en el espacio de juego/capa topológica. La imagen siempre está vinculada al jugador, tanto que se va creando según nuestra voluntad al movernos por el espacio de juego.

La imagen se convierte en el espacio-imagen que decíamos al principio, puesto que podemos movernos y navegar por ella. Distinguimos entre la visualidad y la cardinalidad de la interacción espacial, ya que hay una diferencia entre lo que vemos y lo que podemos ver e influir a la vez. En este sentido, una de las características más interesantes de los videojuegos modernos es cómo podemos cambiar los mecanismos de encuadre de la imagen interactiva, algo impensable en una estática o en movimiento. Ya sea cambiando el anclaje —objeto o sujeto al que apunta el encuadre y la posición del punto de vista— y la movilidad del encuadre.

Ambos descriptores son esenciales en la configuración visual de la imagen de un videojuego; por tanto, son esenciales en la jugabilidad y en cómo percibimos y sentimos la tangibilidad del espacio de juego. Su variabilidad y disponibilidad a lo largo de un videojuego modificará nuestra experiencia y la manera en la que podemos manipular una imagen interactiva videolúdica. No es lo mismo que en una imagen haya personajes y entornos que entran y salen del marco de encuadre de lo que se ve en pantalla, como ocurre en la mayoría de los videojuegos de estrategia, a que no sea posible, que es lo que sucede en los juegos de lucha, por ejemplo.

Ocurre lo mismo cuando yo controlo directamente el encuadre: el encuadre es inmóvil, viene impuesto por el juego, véase los niveles de desplazamiento automático de los *Super Mario Bros.*, o si la movilidad depende del punto de anclaje, como sucede en los juegos que basan su jugabilidad en las dos dimensiones o los juegos de disparo en primera persona. Los llamados "modo foto", que incluyen algunos videojuegos

como los últimos *God of War* o el *Cult of the Lamb*, basan su premisa en esta cualidad, aunque estén restringidas sus posibilidades finales.

Lo anteriormente descrito se complementa con las propiedades tangibles y simbólicas de las entidades con las que podemos interactuar dentro del espacio de juego. Aquí nos referimos a si la interacción con ellos procede directamente de su apariencia o comportamiento, o si se hace sobre la premisa de sus cualidades simbólicas. En un videojuego pueden coexistir ambas, aunque según la entidad predomine más una que otra. En el primer caso, nos referimos, por ejemplo, a un obstáculo cuya apariencia y comportamiento es el de impedirnos avanzar, y en el segundo caso, a los potenciadores que encontramos en diferentes juegos y que modifican nuestros atributos. Por apariencia podemos discernir cuál es su funcionalidad, aunque no por su comportamiento.

Todo lo anteriormente descrito es un esbozo de las particularidades y cualidades intrínsecas de la imagen interactiva videolúdica y que hacen que sea totalmente diferente a otras tipologías de la imagen. No es solamente que su recepción deba ser activa para poder existir y no quedar en una mera potencialidad, es que nos permite, dentro de unos márgenes establecidos, interactuar con ella y modificarla según nuestra voluntad. Estos cambios pueden ser irreversibles, véase en videojuegos de estrategia o en videojuegos de disparo, o ser irreversibles mientras estamos jugando en esa pantalla-mundo y volver a su estado inicial si volvemos a jugar dicha pantalla-mundo. Esto último es parte de la propuesta lúdica de videojuegos tipo *Super Mario Bros.*: puedes ir jugando pantallas-mundo e ir abriendo nuevos mundos, así como rejugarlas posteriormente para lograr ciertos objetivos (como conseguir todas las monedas púrpuras o monedas flor en el *Super Mario Bros. Wonder*).

La imaginería de los videojuegos ha ido evolucionando y las posibilidades tecnológicas permiten que haya distintas tradiciones y principios de construcción diferentes de imágenes interactivas videolúdicas. Cuando jugamos, analizamos constantemente lo que vemos en pantalla para saber qué podemos/tenemos que hacer. El análisis de una imagen requiere tiempo, pero su práctica agudiza la mirada y el sentido de la observación, lo que implica que nuestros conocimientos aumenten y captemos más información cuando nos enfrentamos a una obra eminentemente visual como es el videojuego. Al educar la mirada aumentamos el placer comunicativo y estético de la recepción de este, ya que vamos dominando progresivamente el objeto que amamos y sus significaciones.

UN GENIO DEL DISEÑO

Texto **Álvaro Arbonés** | Ilustración **Square Enix**

Es difícil pensar en un halago mayor para un autor que presentarlo como generacional. Que ha definido la imaginación de toda una generación y ha acabado dando forma a otros artistas que han llegado tras él. Sin la ventaja del tiempo, pudiendo poner en perspectiva en lo que acabará resultando su trabajo para la historia, probablemente no exista ningún halago mayor. Uno que encaja a la perfección con el trabajo de Akira Toriyama.

Nadie se atrevería a negar la inmensa influencia de Akira Toriyama en el mundo del manga y el anime. Es evidente. Visible. Se deja notar en prácticamente la totalidad del manga de aventuras y acción moderno. Por eso no vamos a pretender que esto no ocurre, en gran medida, por el abrumador éxito de su obra más conocida: *Dragon Ball*. Pero ahora, cuando ya no está entre nosotros, tampoco sería justo pretender que fue un hombre de una única obra. Incluso dentro del manga, *Dragon Ball* se edificó sobre el rotundo éxito de su anterior título, el absolutamente hilarante *Dr. Slump*. Y si bien es tentador acabar ahí, tampoco sería justo pretender que su mayúscula influencia se limita al manga y el anime.

Otro medio donde logró brillar con luz propia fue en el videojuego. Incluso si su trabajo se limitó al diseño de personajes y packaging, su contribución a la identidad de algunas de las franquicias más importantes del medio, en términos históricos, es innegable. Porque, además, su contribución al videojuego arroja luz a su genio artístico, como diseñador, de un modo que no lo hace el manga debido a sus imposiciones y limitaciones. Porque sí: el mejor Toriyama nunca estuvo en *Dragon Ball*.

Por eso es de vital importancia reconocer su trabajo en el videojuego y pensar en él en detalle –y no sólo como una nota a pie de página–. Porque es mucho más que eso tanto en la historia del videojuego como en su propia biografía.

DRAGONES & AVENTURAS

Toriyama, si hablamos de videojuegos, está justamente asociado con el desarrollo del JRPG. Suyos son los diseños de algunos de los personajes y monstruos más icónicos de la historia del género –si es que no del medio–. Logró redefinir el aspecto de una de las criaturas más conocidas del RPG, convirtiéndola en la mascota oficiosa de una de las mayores empresas de Japón. Y por encima de todo, fue uno de los miembros originales del equipo de diseño del juego que definiría todo lo que entendemos hoy por JRPG: *Dragon Quest*.

Si acaso no se está muy puesto en este género, *Dragon Quest* es una franquicia de JRPGs originada en 1986 por tres hombres: Yuji Horii, Akira Toriyama y Koichi Sugiyama. Compartiendo la titularidad del juego, los tres han trabajado en todos los títulos principales de la franquicia, en una u otra capacidad, hasta el día de hoy. Horii se encargó del diseño mecánico; Toriyama, del artístico, y Sugiyama, del musical. Al menos, hasta *Dragon Quest XI: Ecos de un pasado perdido*, última entrega hasta el momento de la saga principal, ya que Sugiyama falleció el 30 de septiembre de 2021, y Toriyama lo hizo el 1 de marzo de 2024.

Considerada como una de las pioneras del JRPG, *Dragon Quest* es una franquicia muy inspirada por los RPG occidentales; en particular, de las series *Wizardry* y *Ultima*, algo no muy evidente a simple vista para quien no esté versado en el género. Esto se debe a que Horii se impuso un principio de diseño muy concreto a la hora de hacer *Dragon Quest*: debía ser como los RPG que tanto le gustaban, pero a la vez tener un diseño mecánico lo suficientemente intuitivo como para que el grueso de los jugadores pudieran entenderlo con facilidad. Algo diametralmente opuesto a lo que hacían los RPGs de esa época.

Para entender la razón para esta imposición personal, es necesaria una breve clase de historia. Entre los videojuegos de ordenador más populares estaban los RPGs occidentales, también en Japón, pero tenían un problema. En justicia, eran dos problemas. Por un lado, su barrera de entrada era tan alta, debido a lo densos y difíciles que eran, que su atractivo para los jugadores era limitado. Por otro lado, los ordenadores populares en Japón eran diferentes a los ordenadores populares en Europa y Estados Unidos, complicando el acceso a muchos de estos títulos. Esto provocó que fuera un género popular, pero que estuviera circunscrito a un nicho que difícilmente podría llegar a ser mainstream.

Horii, de ese modo, supo ver el problema básico que estaban teniendo los RPGs, particularmente en Japón: eran juegos difíciles de acceder mecánica y comercialmente. Por eso decidió trabajar en este aspecto en concreto. Quería captar la esencia de los RPGs, aquello que los hacía genuinamente interesantes, pero de tal modo que fueran fácilmente accesibles para los jugadores casuales; incluidos los niños.

El primer paso fue abandonar el estilo de la fantasía occidental. Abrazando una estética manga-anime y menor densidad de contenido, pero respetando lo que los hacía especiales –la sensación de estar viviendo una gran aventura donde nuestras decisiones importan–, surgió el primer *Dragon Quest*. Un juego significativamente más simple, tanto en mecánicas como en dificultad y narrativa, que la mayoría de sus grandes coetáneos. Títulos hoy clásicos como *Ultima IV*, *Wizardry III: Legacy of Llylgamyn* o *The Black Onyx*. Pero a diferencia de esos tres RPGs occidentales, *Dragon Quest* sobresalía sobre ellos gracias a sus espectaculares gráficos, lo icónico de su música y lo intuitivo de sus mecánicas. Por eso, y por tener una ventaja comercial evidente. El primer *Dragon Quest* apareció en exclusiva para la NES, la consola más popular de la época en Japón, que hizo que se convirtiera en un éxito de masas prácticamente al instante, y democratizara el concepto de RPG entre el gran público.

HORIIYAMA

No vamos a engañarnos: aparecer en una consola popular, tener un sonido increíble gracias a su circuitería y ser relativamente sencillo de jugar fue importante. Pero de nada sirve si la gente no se ve atraída por lo que ofreces. Y en eso, el elemento más importante fue el diseño artístico de Akira Toriyama, donde hizo el que es, probablemente, el mejor trabajo de su carrera.

Toriyama se hizo cargo del diseño de personajes, de monstruos e incluso de las ilustraciones de la publicidad y el packaging del juego. No gustándole mucho la fantasía clásica, la cual le resultaba demasiado aburrida y derivativa, le dio al conjunto su propio toque, añadiendo evidentes influencias árabes y japonesas, sin por ello romper del todo con las expectativas de la fantasía medieval de la época. El resultado fue un estilo reconocible suyo, especialmente para los fans de *Dr. Slump*. Si a eso sumamos que *Dragon Ball* llevaba ya dos años en publicación e iba camino de convertirse en un fenómeno de culto, no sería injusto poner buena parte del peso de su éxito en el nombre de Toriyama.

Todo esto es todavía más chistoso si tenemos en cuenta que Toriyama no sabía lo que era un RPG. Apenas nada sobre videojuegos. Eso hizo que su método de trabajo pasara por tener que colaborar de forma muy estrecha con Horii, cooperando de una manera mucho más íntima de lo que era la norma en la época; incluso si hoy es la manera más normal de proceder.

Donde la mayoría de artistas podían trabajar sin muchas intervenciones de diseñadores o directores, Toriyama respondía constantemente a los deseos de Horii. Desde la primera entrega, Horii hacía sketches que completaba junto con perfiles de personajes que después enviaba a Toriyama. Este, con las imágenes esbozadas y la información más relevante sobre los mismos, creaba su propia versión de los personajes, que enviaba a Horii, el cual hacía sugerencias. De este toma y daca se iba refinando la idea que tenía en mente Horii, a través del estilo de Toriyama, hasta conseguir el resultado que estaban buscando.

Sería fácil, a raíz de esto, pensar que la enorme diferencia entre el trabajo en el videojuego y en el manga de Toriyama se debe a la influencia de Horii, pero esto no es exactamente así. Si bien es cierto que este tuvo una gran influencia en él, también había una razón mucho más prosaica. Mucho más simple. Dibujar para un videojuego no es lo mismo que dibujar para un manga.

Si nos fijamos, todos los diseños de *Dragon Quest* son mucho más complejos que cualquier diseño de sus mangas. Sus personajes tienen más detalles, cargan con más objetos y llevan ropas y equipos mucho más elaborados. La razón para ello no es un capricho particular, o una exigencia de Horii, sino algo mucho más sencillo: sólo tiene que dibujar una vez a cada uno de los personajes. En un manga es necesario dibujar una y otra vez a los mismos personajes, con unos tiempos de entrega infernales, y por ello se busca crear diseños lo más sencillos posible. Tener que pararse a dibujar sin muchos detalles, viñeta por viñeta, agiliza un proceso ya de por sí arduo, algo que no ocurre en el videojuego y le permitió entrar en mucho más detalle en sus diseños.

Dragon Quest abrió las puertas a Toriyama para hacer un trabajo más profundo, delicado y calmado. No necesariamente mejor, dado que el diseño para manga tiene sus propios méritos particulares, pero sí mucho más elaborado en sus principios. Algo que se puede apreciar en cómo la mayoría de personajes de *Dragon Quest* siguen siendo, a día de hoy, tremendamente icónicos; y que no cambiaría ni siquiera con los avances tecnológicos. Incluso con la llegada de la era de los diseños poligonales, Toriyama seguiría haciéndose cargo de los diseños sobre el papel, con los artistas digitales traduciendo al 3D su trabajo.

Desde el primer hasta el último *Dragon Quest* hasta la fecha, Toriyama siempre trabajó del mismo modo. Esta es la razón por la cual tanto sus personajes como sus monstruos son apreciados como algunos de los trabajos más delicados y excepcionales de la historia del videojuego.

El mejor ejemplo es cómo, aun hoy, se sigue asociando la franquicia y la propia Square Enix con un monstruo en particular. El diseño más sencillo de todos cuantos ha hecho. El mítico slime. Un monstruo con forma de gota, dos ojitos redondos y una sonrisa encantadora. Una criatura tremendamente mona y que se adelantaría a la popularidad de los monstruos al estilo *Pokémon* por diez años. Eso sí, no fue el primer dibujante que pensó en esa clase de diseños: Toriyama es un reconocido seguidor de Osamu Tezuka, padre del manga y reconocido dibujante de personajes rechonchos y adorables, y *GeGeGe No Kitaro*, manga de Shigeru Mizuki publicado entre 1959 y 1969, que es un icono inmortal de la cultura pop japonesa, repleto de adorables diseños de yokais gorditos y tontorrones.

Lo singular del slime es que transmite a la perfección aquello por lo que Toriyama era un diseñador brillante: era capaz de transmitir la iconicidad de las cosas. Cuando Horii le

pasó su sketch del slime, era un slime como los de *Wizardry*: una extraña masa de puré informe de aspecto maligno. El convertirlo en una gota, darle un color azul intenso y hacerle un rostro tan simpático y adorable fue un ejercicio de genialidad. Un diseñador peor ni siquiera se hubiera planteado hacer algo tan sencillo. Menos aún algo tan alejado del concepto original. Es un enemigo común, sin importancia, para las primeras zonas del juego; no existía motivo para esforzarse haciéndolo. Pero Toriyama convirtió un diseño genérico, pensado para una criatura nada memorable, en uno de los iconos no sólo de la franquicia *Dragon Quest*, sino de la propia Enix y de todo el videojuego japonés.

TORIYAMA VS. OCCIDENTE

La perfecta consciencia de la importancia de Toriyama en la producción del juego hace incluso más desconcertantes algunas de las decisiones comerciales que se tomaron con *Dragon Quest*. Porque incluso si en contexto tenían sentido, es imposible no ver el tiro en el pie que supusieron.

Como era costumbre en la época, el problema fue la estructura interna de las compañías japonesas. En la década de los ochenta, las filiales americanas y europeas estaban desconectadas del estudio desarrollador de forma casi total. Recibían juegos y decidían si los publicaban o no en los territorios occidentales, teniendo ellos la última palabra; particularmente, en packaging y marketing, lo que supuso una desgracia para muchas franquicias, *Dragon Quest* incluida.

Esa fue la razón por la que los primeros *Dragon Quest* se publicarían en Estados Unidos como *Dragon Warrior*, encargando nuevas portadas de estilo más genéricamente occidentales para el packaging. Esto propició que no funcionaran tan bien como lo hicieron en Japón, al ser mucho menos llamativas y llevar a que no se publicaran ni la cuarta ni la quinta entrega en territorio americano; volviendo a partir de la sexta entrega, con mayor éxito.

Por otra parte, peor lo tuvieron los jugadores de Europa y Australia. Bajo el supuesto de que los jugadores europeos no les interesaban los RPGs –radicalmente falso y que aun hoy tiene consecuencias para el territorio–, no se publicaría ninguna entrega de *Dragon Quest* en región PAL hasta 2006 con *Dragon Quest VIII*. Afortunadamente, y como Estados Unidos desde su sexta entrega, con portada dibujada por Akira Toriyama.

Durante la época, y hasta no muy bien entrada la primera década de los años 2000, las asunciones que se hacían sobre los géneros, los públicos y sus intereses estaban basadas puramente en prejuicios e intereses personales de cada filial en particular. Algo que explicaría que no publicaran *Dragon Quest* con las portadas de Akira Toriyama, pero que sí lo hicieran con otro juego publicado en consolas de Nintendo. Un título de culto que hoy se considera uno de los mayores JRPGs de la historia y que nunca se llegaría a publicar en Europa. Porque el trato que no recibió *Dragon Quest*, sí lo recibió (en parte) *Chrono Trigger*.

Square definió a los tres diseñadores principales de este juego como su particular dream team; y no es para menos. Los padres de *Chrono Trigger* son Hironobu Sakaguchi, creador de *Final Fantasy*, Yuji Horii y Akira Toriyama. El resultado fue un JRPG excepcional, de historia impresionante, música que hace época, y algunos de los mejores diseños de personajes de la carrera de Toriyama; incluso aunque esta vez son más reconociblemente cercanos a *Dragon Ball* –en especial, a los de su primera etapa–. Esto conduciría a que se convirtiera en un éxito comercial y de crítica, tanto en Japón como en Estados Unidos, empujando un paso más allá la popularidad del JRPG. Particularmente, de los juegos de Square y Enix: *Final Fantasy* y *Dragon Quest*, respectivamente

Aunque su éxito no se debe exclusivamente a Toriyama, es innegable que parte de su popularidad se generó a raíz de él. *Dragon Ball* estaba en uno de sus picos de popularidad en 1995, tanto en Japón como en Estados Unidos, y eso facilitaba vender un juego tan de género y nicho para el país americano –al menos en aquel momento– como era *Chrono Trigger*.

De hecho, esta es una jugada que buscaron repetir con Toriyama. Cuando Microsoft lanzó Xbox 360 en 2005, lo hizo con el explícito propósito de lograr penetrar en el mercado japonés. Para ello, financiaron el trabajo de múltiples estudios japoneses, buscando no sólo pelear el mercado nipón a una PlayStation 3 que tuvo un lanzamiento decepcionante, sino también dar a los occidentales amantes del JRPG una razón para comprar su consola. Razón por la cual publicaron los dos primeros juegos de Mistwalker, estudio fundado por Hironobu Sakaguchi, del cual uno de ellos tendría diseños de Akira Toriyama, de nombre *Blue Dragon*.

Con Sakaguchi supervisando y encargándose del guión, buscó a otros dos creadores excepcionales para asegurarse su éxito: de la música se encargaba Nobuo Uematsu, compositor de la mayoría de las bandas sonoras principales de *Final Fantasy*, y de los diseños, como ya sabemos, se ocupó Akira

Toriyama. Esto se tradujo en un juego de historia singular, un buen sistema de combate, una banda sonora memorable y un excelente diseño de personajes; uno que se encuentra todavía, a día de hoy, entre las mejores traducciones del estilo de Toriyama al 3D.

A pesar de ello, el juego fue un pequeño fracaso. Aunque vendió bastante bien en Japón, teniendo una excepcional recepción por parte de la crítica, buena parte de la crítica occidental lo recibió con desaire. En parte fue porque la séptima generación fue una cegada con la obsesión por la potencia gráfica, algo donde *Blue Dragon* no era tan impresionante de entrada por su estética anime, pero también por un sentimiento antijaponés muy acuciado, donde se repetía de forma prácticamente constante que los japoneses ya no tenían la capacidad para hacer grandes juegos; y que hoy en día se intenta blanquear, sentenciando que nunca ha ocurrido, pero que es muy fácil de ver para cualquiera que se empape en el sentimiento crítico de la época y tire de hemeroteca.

Por fortuna, a pesar de que el juego no consiguió llevar a Mistwalker al siguiente nivel, la relación entre Sakaguchi y Toriyama no pareció resentirse debido a ello. No cuando en 2021 ambos volvieron a colaborar en un proyecto mucho más pequeño, pero igualmente innovador. Toriyama colaboró en *Fantasian*, un RPG de Sakaguchi, exclusivo hasta entonces para dispositivos Apple, que tiene la particularidad de que todos sus escenarios son dioramas hechos a mano. Uno de ellos fue diseñado por Toriyama, en uno de los pocos escarceos del artista japonés fuera del diseño y la ilustración.

ES LA HORA DE LAS TORTAS

Hasta aquí podría parecer que la historia de Toriyama en el videojuego es la historia del JRPG. Y si bien no es falso, tampoco es cierto que se limite a ella. Porque Toriyama también trabajó en numerosos juegos de lucha, uno de los géneros donde mayor importancia tiene el diseño de personajes. De entre estos, el que más destaca y con diferencia es *Tobal No. 1*.

Desarrollado por DreamFactory, creadores de los excepcionales *Kakuto Chojin: Back Alley Brutal* y *The Bouncer*, y publicado por Square en 1996, es un juego de lucha en 3D con diseño de personajes de Toriyama. Si bien pasó sin pena ni gloria por Occidente, fue un pequeño éxito de culto en Japón; y no sin buenos motivos. Con un sólido sistema de combate, lo particular de su banda sonora y su modo aventura, donde teníamos que combatir contra enemigos mientras explorábamos una mazmorra en una singular pelea

contra el cronómetro, fue un juego muy divertido y diferente, incluso para los cánones de hoy en día. Un título con muchas ideas originales apenas sí exploradas a posteriori en el videojuego, que agradecería un poco más de posibilidades tecnológicas y sensibilidad moderna.

Su secuela, *Tobal 2*, redoblaría las virtudes del original, incluyendo el diseño de personajes de Toriyama. Pero al salir en 1997, teniendo que competir con juegos tan bien asentados y de presupuesto infinitamente mayor como *Tekken 3* y *Mortal Kombat 4*, el juego se vio incapacitado para combatir en igualdad de condiciones, algo que le condenó a la irrelevancia y no llegando a ser publicado en Occidente.

Un aspecto que tampoco debería sorprender, de la carrera de Toriyama, es que ha trabajado en muchos juegos con licencia de la revista que acogió toda su carrera como mangaka, la *Shonen Jump*. Diseñó personajes originales para *Famicom Jump II: Saikyou no Shichinin*, un action RPG publicado en la NES exclusivamente para Japón en 1991, y diseñó varios personajes originales para el olvidado y olvidable *Jump Force*, juego de lucha publicado en 2019 para PlayStation 4, Xbox One, Nintendo Switch y PC.

Lo que puede sorprender –y seguramente sorprenda a muchos– es saber que Toriyama apenas se involucró en las adaptaciones al videojuego de la mayoría de sus obras. *Dragon Ball* incluido. No colaboró en los notables plataformas adaptando *Go! Go! Ackman*, como no lo hizo en ninguna de las múltiples adaptaciones de *Dr. Slump*, o la mayoría de videojuegos de *Dragon Ball*. Porque incluso cuando se involucró en los videojuegos de sus propias franquicias, lo hizo con cierta distancia y de forma muy ocasional.

A pesar de que *Dragon Ball* tiene decenas y decenas de juegos publicados hasta la fecha, Akira Toriyama sólo estuvo involucrado, hasta donde sabemos, en unos pocos; y tres de ellos siendo, curiosamente, de los últimos de su etapa creativa. Diseñó, entre otros juegos, personajes originales para *Dragon Ball: Shenlong no Nazo*, un juego de acción y aventuras de NES exclusivo para Japón publicado en 1986; en *Dragon Ball FighterZ*, donde creó al Androide 21; en *Dragon Ball Legends*, donde diseñaría a Shallot y Zahha, y *Dragon Ball Z: Kakarot*, donde diseñaría a Bonyu.

Pero el último trabajo de Toriyama en el videojuego, y probablemente en general, no fue en ninguno de estos proyectos: fue en la adaptación al videojuego de *Sand Land*. Publicado en la *Weekly Shonen Jump* desde el nueve de mayo hasta el ocho de agosto de 2000, esta aventura cómica de ciencia ficción versa sobre el príncipe de los demonios buscando agua para ayudar a la humanidad. El manga recibió una adaptación al anime y al videojuego durante 2024, donde Toriyama colaboró en el guión –y fue su última aportación como artista al mundo; salvo que no se haya dejado alguna obra póstuma que desconocemos.

LA IMPORTANCIA DE LLAMARSE TORIYAMA

Es fácil pensar que la importancia de Toriyama dentro del videojuego no es para tanto, que su influencia no es tan dramática. Y nos equivocaríamos. Es uno de los grandes diseñadores de personajes del medio, es parte fundacional de la franquicia que hizo populares los RPGs entre un público más amplio, e ilustró juegos muy interesantes a reivindicar.

Considerar que su mayor trabajo fue como mangaka, o incluso que nunca tuvo una mayor aportación que la de *Dragon Ball*, es un pensamiento que es fácil atesorar. Pero no es verdad. El trabajo de Toriyama sobrepasa el de su obra más popular, que nunca alcanzó las cotas de genialidad que lograría en algunos de sus otros manga. O en términos de diseño, su trabajo dentro del videojuego. Por eso, también, es importante reivindicar su trabajo dentro de nuestro medio. Porque demuestra que era mucho más que *Dragon Ball*. Que la pérdida de Toriyama no es porque ya no escribirá más historias de Goku y compañía. Es porque perdemos a uno de los más grandes diseñadores de personajes y mangakas de todos los tiempos.

"Lo singular del slime es que transmite a la perfección aquello por lo que Toriyama era un diseñador brillante"

EL AVATAR ANIMAL

Una tendencia en el cambio de perspectiva y en la jugabilidad.

Texto **Cristina Ogando González** | Ilustración **Herobeat Studios**

No sorprendería a nadie si dijera que todos nos hemos imaginado, en alguna ocasión, siendo un animal. Puede que cuando veas a tu perro ser el rey de la casa, lo único que se te ocurra es que convertirte en él sería la gloria. O incluso que la vista se te pierda en el cielo y sólo pienses en lo genial que sería ser un pájaro y poder volar. Bueno, la ciencia aún no ha llegado a esos puntos, pero los videojuegos puede que se acerquen un poco más a esa experiencia. En los últimos años, una tendencia ha resonado en cuanto a los tipos de avatares, de protagonistas, que se nos ofrecen en diversos títulos.

Siempre se ha jugado un poco con esa diferenciación entre lo humano y lo animal. Nos han dado personas que se pueden convertir en animales como en *AER: Memories of Old* o en *The Legend of Zelda: Twilight Princess*. También se ha usado como metáforas o alegorías aterradoras en *What Remains of Edith Finch*, e incluso se nos ha presentado la oportunidad de ser un pokémon con la saga *Mundo Misterioso*. Pero ¿serlo desde el principio? Eso está empezando a suceder.

Sin embargo, antes de entrar en materia, hay una importante clarificación que hacer: lo que entendemos por avatares animales. Muchos estarán pensando que esto no tiene nada de novedoso y que, de hecho, algunas de sus sagas favoritas están personificadas por personajes no muy humanos. Por supuesto que desde finales del siglo pasado ya hubo juegos protagonizados por parte de la fauna. La tendencia por entonces era antropomorfizar a los personajes, como sucedió con Sonic, Crash o Ratchet, por poner ejemplos. En estos casos, si bien estaban inspirados en animales reales, al volverlos bípedos –e incluso hacerlos hablar en ocasiones– eran más cercanos a una persona que a un erizo o un marsupial. "Si bien los preciosamente ilustrados zorros del juego no pueden evitar invitar al jugador a antropomorfizarlos, el juego en sí se compromete a retratar a los zorros como lo que son: animales. No pueden leer, hablar ni razonar. 'Son animales'", comenta Javier Ramello, CEO de Herobeat Studios, sobre *Endling: Extinction is Forever* para *Unwinnable*.

La siguiente distinción es que no estamos hablando de avatares de animales fantásticos –o nada que no exista en la realidad–. Protagonistas como Spyro, Yoshi, Ori, Fe, Trico u Okami, entre otros, quedarían fuera de lo que pretendemos abordar. Si bien sus atributos se acercan bastante a un gameplay algo más complejo que al usar a una persona, nuestro enfoque es un poco más hacia la realidad. "[...] Y en *Endling* actúan como animales, por lo que no los verás tirar de palancas o mecanismos, [aunque] eso haría la vida más fácil a los diseñadores de Herobeat Studios", destaca Ramello sobre *Endling: Extinction is Forever*.

Por supuesto, encarnar a un animal no sólo es un reto para los desarrolladores o el jugador, también para el seguimiento del propio juego. Cierto es que ya estamos acostumbrados a los "protagonistas silenciosos" o incluso a los juegos en primera persona donde lo poco que vemos de nosotros mismos son las manos. No obstante, hay un salto comunicativo del que no somos conscientes. Link no ha hablado en décadas de saga y, aun así, todos nos hemos entendido con él. Los NPC reaccionan a él, lo vemos lógico y normal. Sólo una característica del gameplay que nuestra mente completa por asociación, por conocimiento y, de alguna forma, por salto comunicativo. Porque con algo similar a nosotros, somos capaces. "De hecho, mientras desarrollábamos el juego, los primeros ingredientes que necesitábamos eran el ganso y la persona. Nos dimos cuenta rápidamente de que la relación a un bajo nivel entre ambos era realmente interesante y muy rica, y ofrecía la oportunidad de profundizar en los matices y el humor", indica Jacob Strasser, desarrollador de *Untitled Goose Game*, para *Vulture*.

Ahora, la sorpresa: los animales no hablan. Tienen su propia forma de comunicación, de interacción con un entorno que está muy lejos de nuestro imaginario habitual. No son seres humanos con facciones o con gestos no verbales que podamos entender. Bueno, miento. Todos entendemos a nuestro perro cuando tiene unas ganas locas de salir de casa o quiere que le pongas más comida en el plato. La fuerza de la costumbre y del día a día. Pero el problema sigue ahí. Un "guau" no es lo mismo que un "oye, humana, dame de comer", y ahí radica un problema: cómo voy a sentirme identificada con un protagonista animal.

El tema de las narrativas no verbales se ha tocado ampliamente en diversos slow-games o walking simulator. Quién no ha llorado con *Gris* o ha sentido una sensación de paz al terminar *Journey*. El razonamiento simple es que la narrativa emocional funciona. Es parte del arte y de la conexión de sentimientos entre los humanos. También de que el uso de narrativas universales no deja indiferente a nadie.

La pérdida, el dolor, la lucha por la supervivencia o la búsqueda son sólo algunos ejemplos de narrativas que prácticamente no necesitan palabras para ser entendidas; sobre todo, cuando contamos con la ventaja de que ya conocemos el idioma audiovisual en el que nos internamos. Como producto cultural, los videojuegos tienen unas limitaciones y formas de narración propias que ya forman parte de nuestro día a día. Por ello, si lo aunamos con esas historias universales, el resultado puede ser arrollador. Así es como algunos estudios y desarrolladores apostaron por los avatares animales para contar sus historias, pero también por otras razones como la crítica, la innovación en gameplay o el punto de vista.

Entre los juegos que traemos bajo el brazo está una pequeña joya que ha dado bastante de qué hablar a la crítica. *Stray*, el "purrfecto" bebé de BlueTwelve Studio y publicado por Annapurna en 2022, nos pone en el pelaje de un gato callejero que es separado de su familia. En el proceso, cae a una ciudad cyberpunk que está plagada de bichos y androides como B12, su compañero de viaje. La jugabilidad en este título parece gritar plataformas. Siendo gatos, y pudiendo movernos como uno, nuestras posibilidades se multiplican. El suelo es para perdedores cuando te ves capaz de saltar desde una ventana a otra, usar los aires acondicionados como descansillo o rascar un par de sofás. Es más, este amago de ciudad invita a ello, como si hubiera sido creada para un gato y no para las personas por todos los recovecos que tiene. Y aunque no lo parezca, fue toda una unión de ideas.

Los artistas detrás de esta obra estaban fascinados por una ciudad china que, a día de hoy, no existe: la ciudad amurallada de Kowloon. Este núcleo unificó una densidad de población imposible en unos limitadísimos metros cuadrados. Lo increíble de esta construcción era lo orgánica que era, como si tuviera vida, pero también era demasiado intrincada

para un ser humano… aunque no para un gato: "Cuanto más pensaban en ello y trataban de encontrar una dirección artística, más se dieron cuenta de que realmente sería el patio de juegos perfecto para un gato. Había muchos caminos diferentes y puntos de vista nuevos que se podían crear en el mundo que estaban construyendo", puntualiza Swann Martin-Raget, productor de *Stray*, para *Screen Rant*.

Aunque la jugabilidad de *Stray* es bastante abierta, la comunicación queda reducida a monólogos sobre la vida de B12 y maullidos que el jugador puede controlar (y, en consecuencia, tentar a tu perro a que se lance a por la pantalla), mientras que la narrativa reside siempre en el hecho de la pérdida, la búsqueda de su colonia y volver a su mundo conocido.

Si hablamos de nuevas perspectivas para el jugador, lo primero que se nos viene a la mente es el caos que puede generar este gato del que hemos hablado, pero nadie comenta que un ganso puede poner en pie de guerra a un pueblo inglés, ¿cierto? Para innovación –y ganas de ver el mundo arder– podemos ponernos bajo el plumaje del protagonista de *Untitled Goose Game*, del estudio House House. El meme del ganso es real… y más que una forma de molestar a tus vecinos.

En este título somos un ganso. Caminamos como uno, movemos las alas para hacernos más aterradores, picoteamos a cuanta persona se nos pone por delante y hacemos "on, on" por encima de nuestras posibilidades. ¿Nuestro objetivo? No dejar a nadie contento.

Sus desarrolladores han hablado en ocasiones de qué los llevó a coger un animal tan atípico para su viralizado juego. Para sorpresa de nadie, empezó como un chiste en medio de una tarde aburrida. Sin embargo, vieron las posibilidades en ello. Porque las travesuras se las dejamos al jugador, pero la jugabilidad es otro cantar. No tenemos manos, pero tenemos un pico con el que arrastrar cosas. No somos un animal muy rápido, pero tenemos nuestros recursos para despistar a los NPCs. Es un videojuego de ingenio y humor universal donde tendremos que jugar bien nuestras cartas entre las limitaciones de un pato. Perdón, un ganso.

Pero ya que hablamos de innovación en la jugabilidad, no podemos dejar atrás *Lost Ember*, el pequeño de Mooneye Studios. En este caso, encarnamos a una loba que va acompañada por Kara, un espíritu. La particularidad de este título radica, una vez más, en la creatividad, ya que nos da nuevas perspectivas con las que jugar como animales. En plural.

"La idea de jugar encarnando a un personaje animal fue una de las primeras cosas en las que estuvimos de acuerdo [...] Empezamos a pensar en el mundo y en un entorno general el cual sería más interesante de explorar desde diferentes perspectivas, además de qué tipo de animales serían interesantes para ello [...] Esto permite una jugabilidad muy variada y mucha libertad para el jugador a la hora de elegir cómo jugar [...] También requiere que prestes atención a tu entorno", resalta Sinikka Compart y Pascal Müller, creadores de *Lost Ember*, para *GamingBolt*.

Aunque nos vamos a encontrar con un entorno natural, en este caso podemos elegir cómo enfrentarnos a él. En función del reto o el nivel que se nos presente podremos mutar desde un topo a una cabra –o incluso un águila– para poder seguir adelante en la historia. Esto, a nivel narrativo, también implica una cierta espiritualidad de cara a resolver el misterio de nuestro personaje. De hecho, la espiritualidad es una de las razones por las que más se ha usado a animales protagonistas en los videojuegos. Apela a nuestro sentido de las leyendas, a esa reencarnación y espiritualismo que solemos asociar a culturas asiáticas o incluso nórdicas.

Este último caso es el de *Spirit of the North*, un precioso walking simulator por los paisajes islandeses donde encarnamos a un zorro. Desarrollado por Infuse Studio, el juego es una historia no dialogada donde parece que sólo te quieres perder por la naturaleza, todo esto mientras que la banda sonora te guía de forma no verbal hasta llevarte al climax desgarrador que esconde esta obra de arte.

Esta era una de las ideas primordiales de los creadores, de forma que nada pudiera distraer al jugador de la historia. Por ello, limitaron el diálogo hasta su máximo exponente para no romper el aire natural que encierra este título. Fue así como consiguieron dar vida en un videojuego a una vieja historia de folclore nórdico. "Lo primero que supimos es que queríamos que el personaje principal de nuestro juego fuera un zorro. Al principio, no sabíamos de qué trataría el juego más allá de eso. Pero Taylor recordó un cuento popular nórdico sobre un zorro que crea auroras boreales cuando roza su cola contra cosas", indica Jacob Sutton, cocreador de *Spirit of the North*, para *GamingBolt*.

No es el primer juego que nos trae tan cerca parte de las historias de países del norte, como ya había pasado años antes con *Never Alone*, donde, de forma coincidente, también había un zorro como parte primordial de la narrativa. Esta criatura ha sido la elección de muchísimos juegos de corte naturalista y con protagonistas animales, tal vez por su carácter astuto o porque es fuente de inspiración y espiritualidad en diferentes regiones.

El zorro es también el protagonista de la siguiente obra: la historia de "climate fiction" de *Endling: Extinction is Forever*, de Herobeat Studios. Concretamente, nos pone en el pelaje de una madre embarazada en medio de un incendio y los consiguientes años de supervivencia para ella y sus pequeños. Eso ya parece complicado hoy en día, por eso hay que añadirle una nueva dificultad: el mundo que les hemos dejado.

En un alarde de ecocriticismo, en este juego nosotros, los humanos, somos el mal. El aire es irrespirable, hay incendios, polución, basura por todas partes y hasta drones que vigilan tus pasos. No es el mejor mundo para criar a una familia. "El zorro es un excelente vehículo en este sentido. 'Outfox' es un verbo por una razón, después de todo. Resuenan con nosotros como criaturas inteligentes y hábiles tanto en el folclore como en la literatura [...]. También son preciosos, peludos y su lugar en el centro de la cadena alimentaria de forma natural hace que sea más fácil empatizar con ellos (y ofrece una amplia gama de posibles interacciones con el mundo). Cuando hay algún animal involucrado, en los juegos o en la vida real, la gente siempre proyectará sobre ellos alguna personalidad e intelecto similares a los humanos", dice Javier Ramello para *Unwinnable*.

La narrativa universal de querer a tu familia y salvarlos a cualquier precio ya es de por sí algo que cualquier persona puede entender en todos los niveles. En este juego se tratan temas como la pérdida, y aunque parece tan lejano de

nuestra realidad, también es demasiado real. En esta ocasión, el usar animales es tan intencional que hasta duele. Porque unida a la narrativa ecocrítica que no se molesta en esconder el título, casi como un documental doloroso de *La 2*, somos capaces de empatizar con este protagonista hasta niveles prohibitivos.

Por si fuera poco, la jugabilidad no ayuda. La vida sería más sencilla con una palabra, pero eres un zorro –después de todo–. Tienes que ser astuto, buscar formas para llegar a los sitios dentro de unas limitaciones no humanas y casi con un hilo de pensamiento animal. Un zorro atrapado se comportará de una forma muy diferente a un humano convencional, por lo que tendrás que poner todo tu empeño en pensar para sobrevivir.

Por ello, estos títulos más que recientes nos están demostrando que los videojuegos no sólo son capaces de convertirnos en los héroes más grandes y defensores de la humanidad. También pueden contar historias innovadoras que realmente nos metan en el pelaje de animales con sus propias narrativas y problemas con los que una persona jamás podría imaginar. Una jugabilidad que escapa de nuestro bipedismo y pulgares oponibles en pos de enfrentarnos a nuevos retos como jugadores. Aunque sea por unas horas, hacer reales esas pequeñas fantasías que tenemos de vez en cuando.

"La espiritualidad es una de las razones por las que más se ha usado a animales protagonistas en los videojuegos"

SE ABRE EL TELÓN: EMPIEZA LA PARTIDA

Hay dos acepciones de "play" que conectan el mundo del teatro: jugar e interpretar a un personaje. Aunque el escenario y la pantalla parezcan ecosistemas muy lejanos, ambos son medios de expresión narrativa que pueden aprender uno del otro.

Texto **Laura Luna**

El videojuego como herramienta académica ha demostrado sus numerosas bondades desde el albor del "edutainment", es decir, la enseñanza a través del ocio. En las aulas, el ocio digital es un gran reclamo para estimular el interés de los alumnos por la materia y transmitirles conocimiento que, además, pueden llevar a la práctica. Es el caso del profesor de arte dramático Jerry C. Jaffe, quien utiliza los videojuegos como vehículo para sumergir a sus alumnos en el arte de la interpretación.

El teatro y los videojuegos se sustentan sobre tres pilares principales: el personaje que se controla/interpreta, la estructura narrativa y la inmersión. Se nos asigna un avatar en un videojuego y nuestra conexión con él es similar a la de un actor con su papel. A pesar de las diferencias entre el protagonista y nosotros mismos, conseguimos empatizar con su carácter, sus propósitos y sus decisiones, tanto en títulos lineales como aquellos en los que podemos elegir diferentes caminos. Así, no somos Cloud Strife, pero entendemos su trauma y su deseo de acabar con Sephiroth y con Shinra. Del mismo modo, un actor no es Hamlet, pero en escena se convierte en él y lo controla con su propio cuerpo. A la hora de preparar el personaje, este debe comprender su psique, sus motivaciones y sus intenciones para transmitir a través del texto, lenguaje corporal y acciones quién es el príncipe de Dinamarca y su enloquecimiento a causa de la obsesión por la venganza.

"Todo el arte de los videojuegos, incluso construido sobre la animación y el diseño gráfico moderno y digital, desciende del teatro, el abuelo de todas las artes narrativas interpretativas, como el cine, la radio o la televisión", describe Jaffe en su ensayo *Thoughts on Theatre: Theatre vs. Video Games* (2016). El filósofo Aristóteles estableció la estructura narrativa sobre la que se edifica el teatro y que también se aplica a los videojuegos: planteamiento, nudo y desenlace. Incluso las obras con la narrativa más simplista siguen dicha estructura: el planteamiento se inicia con el feliz Reino Champiñón; el nudo se detona con Bowser raptando a la princesa Peach y Mario yendo al rescate, lo cual conforma el mayor grueso del juego y la parte donde el jugador toma el mando del progreso narrativo, y el desenlace se produce cuando la rescata y restaura la paz.

En cuanto a la inmersión, encontramos diversas similitudes entre la realidad virtual y el mismo teatro, el cual puede describirse como la realidad virtual más ancestral, como había estudiado la diseñadora y humanista Brenda Laurel. En una función, el actor se ve sumergido dentro del plano ficticio y no está separado a través de una pantalla o un papel.

Con la creciente popularidad de los videojuegos hacia el público más mainstream, el teatro interactivo también ha experimentado su respectivo auge. Desde las escape rooms –que corresponden también a un subgénero de la aventura gráfica– hasta el paseo performático o las representaciones en una ubicación específica aprenden de cómo el videojuego sumerge al jugador en un plano virtual.

El teatro interactivo tiene sus orígenes en la antigua Grecia, donde ya el público formaba parte de la representación de tragedias y comedias que, además, tenían una función religiosa. Actualmente, compañías británicas como Punchdrunk, Belt Up y Dreamthinkspeak están revolucionado las artes escénicas en el mundo anglosajón, mientras que La Caja Lista, en el territorio español, se ha especializado en el teatro interactivo, donde integran al espectador a que ejerza de detective en obras del género detectivesco como *Cluedo*, ambientado en diferentes décadas históricas.

A la hora de construir el espacio para el espectador/jugador, el teatro interactivo toma del videojuego el uso de las paredes y pasillos para guiarle sin que se dé cuenta. Por ejemplo, *Half-Life* (Valve Corporation, 1998) usa de forma magistral la arquitectura de salas para indicar al jugador hacia dónde debe dirigirse: tanto si decide esconderse en una sala como eliminar a los enemigos de un pasillo, este encuentra el camino guiándose por el axioma de que debe seguir adelante. Asimismo, la situación de puntos de interés en la distancia visible sirven de reclamo para conducir a Gordon, controlado/interpretado por el jugador, hacia su destino.

En el teatro interactivo, el espectador sale de la butaca para sumergirse en un espacio donde tiene esa ilusión de libertad para moverse hacia donde quiera. Por supuesto, pondrá a prueba los límites de ese mundo: hay puertas que sirven de decorado y que no son practicables, y hay salas a las que no se puede acceder hasta que no se den unos acontecimientos. La historia sólo progresará si visita algunas salas, con lo que habrá catalizado el progreso de la obra al mismo tiempo que ha sido guiado por el dramaturgo sin ser totalmente consciente.

En los escape rooms sucede de forma similar. Los jugadores se encuentran en una habitación con un objetivo. Antes de llegar a este, deberán resolver algunos puzles para progresar y acceder a la siguiente sala, donde serán recibidos con nuevos acertijos hasta cumplir la meta. Esta narrativa es habitual en los títulos de terror de supervivencia, donde algunas zonas permanecen bloqueadas hasta que se encuentra una llave o se resuelve un rompecabezas que bloquea el paso. Asimismo, e igual que en diversos escape rooms, se puede y debe volver sobre los propios pasos para recoger pistas o encontrar el acceso a otra sala. El revisitar lugares antiguos es una buena oportunidad para el diseñador del juego –o el game master– de proporcionar nuevos sustos al jugador y de impulsar el progreso de la historia.

El director Felix Mortimer se inspiró en el ocio digital para adaptar *El Proceso* (Franz Kafka, 1925) al teatro interactivo con la compañía Rift. Convirtió a los espectadores en protagonistas y les dio una ilusión de libertad para recorrer el teatro de Shoreditch Town Hall, ambientado para la función. No obstante, al igual que en el relato original, el desenlace llevaba al patíbulo, independientemente de la ruta que eligiera el público. El director cita en *The Guardian* a *Goldeneye 64* (Rare, 1997) como su inspiración: "El nivel del tren es una obra maestra. Es asombroso cómo guía al jugador en una sección lineal, y en *El Proceso* teníamos una ruta que dirigía a los espectadores, a pesar de que estos intentaban desviarse".

La desobediencia a las normas narrativas fue el núcleo de *The Stanley Parable* (Galactic Cafe, 2013), donde el jugador sigue las instrucciones de un narrador y, bajo su criterio, puede

contradecirlas. Por supuesto, los diseñadores se adelantaron a dicha posibilidad: la rebeldía es esperable en aventuras lineales, así que se crean diversos finales a los que sólo puede accederse si se desafía la narrativa ortodoxa dictada por el narrador. Entonces, la voz en off se adapta a la hora de crear nuevas instrucciones y a la jugabilidad. Asimismo, el game master de un escape room, al igual que su homólogo del rol de mesa, debe improvisar diferentes desvíos para afrontar a los jugadores que se desvíen de la narrativa esperada.

Felix Barrett, director artístico de la compañía Punchdrunk, relató su montaje de *The Drowned Man*, una fábula interactiva sobre los años sesenta en Hollywood. Su estructura narrativa evoca a *The Stanley Parable*: "Hay dos maneras de ver *The Drowned Man*: puedes seguir a uno de los personajes y tratar la obra como un espectáculo lineal, o puedes seguir tus instintos y tratarlo como una exploración libre y dejar que el ritmo de los detalles arquitectónicos te guíen". El director cita *Skyrim* (Bethesda, 2011) como su inspiración: "[En *Skyrim*] Puedes seguir a un personaje y cumplir una misión, o explorar el paisaje, o alcanzar una sensación de inmersión global dentro de un paisaje".

Barrett considera la exploración como un elemento crucial del teatro narrativo, lo cual *Skyrim* maneja magistralmente. Las paredes y los pasillos pueden formar habitaciones con secretos y el descubrirlos no implica destruir la historia principal, sino complementarla. Esto es lo que sucede con el exitoso RPG de Bethesda, donde vivimos aventuras épicas, como las de la Hermandad Oscura, sin perjudicar nuestro cometido de salvar a Tamriel de Alduin.

Gone Home (Fullbright, 2013) es otro de los referentes de Barrett. En este, la joven Kaitlin regresa a casa después de un curso en el extranjero y descubre que no hay nadie para recibirla. El jugador explorará el mismo hogar y descubrirá la historia de la familia a través de sus testimonios escritos y objetos personales: cartas, diarios, fotografías e incluso labia-

"El videojuego, en cierto modo, también lidia con encontrar maneras de marcar la ruta al jugador sin que este sea consciente de que le están llevando de la mano"

les ayudarán a tejer el tapiz de los Greenbriar. Para el usuario son totales desconocidos, mientras que la misma protagonista, quien ya conoce a su familia, revelará secretos de ella y sucesos acontecidos durante su ausencia.

"*Gone Home* tiene una narrativa implícita", describe Barrett. "Puedes haberte perdido la acción, está a punto de suceder o te encuentras suspendido en ella". En su adaptación de *The Drowned Man*, el director crea un espacio para permitir que el público descubra mensajes y artefactos ocultos en cajones, unos objetos que ayudan a tener una mayor perspectiva de la narrativa y aportan un matiz más humano sobre los personajes y la trama. "En vez de ser el público quien moldea su narrativa, va pelando las capas de una historia de manera casi arqueológica", describe el dramaturgo.

Así, obras como *The Drowned Man* colocan al espectador en una posición de cazador de pistas que le ayudan a comprender una historia principal que es inalterable, como sucede con *Gone Home*. Este rol se difumina con el de detective, quien necesita dichas pistas para comprender el misterio tras un caso y conectarlas para dar una solución, como sucede en títulos como *Paradise Killer* (Kaizen Game Works, 2020) o la saga *Ace Attorney* (Capcom).

Por otro lado, la compañía Coney abre un poco más la libertad del público para confeccionar la narrativa, al estilo de una escape room: en su obra *A Small Town Anywhere* (2009), los espectadores se convierten en habitantes de un pueblo al borde del colapso social. A cada cual se le atribuye una serie de objetivos enmarcados dentro de una historia que se va desencadenando a través de eventos canónicos en la función. Al igual que en una partida de rol, los espectadores deciden su forma de cumplirlos, con el fracaso como uno de los posibles desenlaces.

Tassos Stevens, director de la compañía, describe su dramaturgia como un motor de juego para las representaciones de obras interactivas. Esta se cimenta en hacer de los rumores de la ciudad la base narrativa para proporcionar información a los espectadores, y hacer así que estos participen con sus acciones y conclusiones. La propia naturaleza del final abierto permite que el público conduzca la historia hacia un cierre que ellos mismos han coescrito durante sus interacciones. De esta manera, la imaginación y la improvisación de los actores se unen para construir la historia, además de seguir una de las máximas del teatro de improvisación: nunca se invalidan las propuestas recibidas, sino que se usan como alimento para la trama.

Encontrar un equilibrio entre la libertad del espectador y las limitaciones dentro del teatro es uno de los grandes desafíos del teatro interactivo. Barrett es consciente de que no puede adaptar la naturaleza de los sandbox como *Minecraft* al escenario, de manera que el actor debe servir de guía para el espectador y mantener la ilusión de que este no se sienta guiado. El videojuego, en cierto modo, también lidia con encontrar maneras de marcar la ruta al jugador sin que este sea consciente de que le están llevando de la mano.

Así como un videojuego puede recrear escenarios imposibles gracias a un motor gráfico, la magia del escenario analógico está sujeta a las leyes de la naturaleza, a los recursos de la compañía y al propio espacio físico. Un juego puede trasladarnos a un continente colosal como Tamriel en *Skyrim*, mientras que una obra de teatro delimita su espacio en una sala o edificio. Por otro lado, la creación de una experiencia satisfactoria para el espectador reside en cómo se aproveche la ubicación y sus limitaciones para hacer la experiencia lo más inmersiva posible. Por ejemplo, una sala pequeña puede convertirse en el espacio ideal para una versión interactiva de *La Ratonera* (Agatha Christie, 1947), donde la claustrofobia se convierte en una baza a favor de la ambientación.

Desde la industria de las artes escénicas se debate cómo llevar el escenario a los videojuegos. Las posibilidades transmedia de ambos medios han dado nacimiento a obras teatrales como *YoRHa*, que expande el universo de *NieR: Automata* (Platinum Games, 2017) en un formato diferente al del ocio digital, y que permite al jugador disfrutar de otra disciplina artística. Por supuesto, un videojuego no puede convertirse en una obra de teatro –y viceversa–, pero ambos mundos ponen a prueba sus límites y se enriquecen entre ellos. Así como el teatro toma del videojuego mecanismos narrativos que puede incorporar para sacar al espectador de la butaca, el ocio digital toma de los escenarios diferentes estrategias para convertir al jugador en un actor que representa un rol entre píxeles. Al final, tanto jugador como espectador comparten una inquietud común: explorar mundos y vivir una historia que nosotros podemos desenmarañar a través de la interacción.

RISING DUSK

LA AVARICIA ROMPE EL GATO

No te dejes llevar por las apariencias. Rising Dusk no es un simple plataformas. Descubre un juego donde **cada moneda** que recojas **tendrá consecuencias**. Disfruta de decenas de niveles cuyas mecánicas **no dejarán de sorprenderte** mientras atraviesas escenarios **cuya belleza te cautivará**.

¡A la venta en todas las plataformas!

Manami Matsumae

Texto **Nacho Requena Molina** | Fotografía **Miguel Hassan - Nicolas Datiche**

"Ahora no existen límites a la hora de componer"

En numerosas ocasiones, las entrevistas de esta publicación surgen de una manera bastante espontánea, con hasta cierto halo de misterio seriéfilo que uno no esperaría nunca. Un caluroso día de junio, hablando sobre la situación de la industria japonesa en la actualidad con Luis García, fundador de la agencia de localización y publisher Shinyuden, de repente surgió el nombre de Manami Matsumae (Japón, 1964).

Su empresa se había encargado de traducir y editar el último videojuego en el que había trabajado Matsumae hasta ese momento, *Retro Revengers*. La compositora nipona posee un currículum tan extenso que da auténtico vértigo a poco que uno se asoma a verlo: *Mega Man*, *Shovel Knight*, *Dynasty Wars* y un largo etcétera que daría para una página entera simplemente listando nombres. Ante esto, Luis realizó la siguiente pregunta: "Tenemos buena relación con ella, ¿quieres entrevistarla?".

La respuesta estaba clara –como para decir que no, ¿verdad?–. El resultado se puede ver a continuación, siempre con un agradecimiento eterno a Matsumae por la paciencia mostrada.

¿Cómo entró en Capcom?

Cuando estaba en cuarto de carrera, vi en un tablón de anuncios que Capcom buscaba personal. En aquella época, la Famicom (la NES japonesa) estaba de moda y jugaba a *Super Mario*, a *Dragon Quest*... También sabía que Capcom era una empresa de videojuegos, claro. Sin pensarlo demasiado, pedí trabajo y así fue como me uní a ellos.

¿Cómo era el día a día en la empresa por aquel entonces?

Entrábamos a trabajar a las nueve de la mañana y salíamos a las seis de la tarde. Era todo muy rutinario. Componía, creaba efectos de sonido, integraba datos en el juego y así iban pasando los días.

¿En algún momento tuvo la sensación de que era un campo todavía sin explorar el musical?

Es que no había nada. Los compositores estábamos siempre en la sombra. A la música de los juegos se le daba recorrido vendiendo vinilos o CDs como complemento comercial y promocional para que el juego vendiese más. Ahora que se ha establecido el género de "música de videojuegos", y hay conciertos y actuaciones en directo de compositores, estoy que no me lo creo (risas).

¿Cuál fue el mayor reto que se encontró en esa época?

Ahora no existen límites a la hora de componer y hemos logrado de todo, pero cuando entré en Capcom, las restricciones te hacían darle muchas vueltas a la cabeza. La melodía y la base musical eran imprescindibles, pero aparte, si queríamos expresar acordes, con las tres únicas notas que sacaba la Famicom el asunto se complicaba sobremanera. Para conseguir un acorde con un único sonido había que hacer malabarismos con arpegios y las partes internas de la melodía. Componer era como hacer un puzle.

Su trabajo en *Mega Man* es de los más famosos, ¿recuerda el primer día en el que le hablaron del juego?

Acababa de entrar en la empresa y tenía que estudiar casi de cero el funcionamiento del ordenador, de las herramientas de composición y demás. Empecé a trabajar en abril y durante tres meses, a excepción de la composición, estuve machacando los conocimientos básicos generales de todo.

En julio se me permitió componer por primera vez mi primer tema. Fue para un juego llamado *Ide Yosuke Meijin no Jissen Mahjong* (*Mahjong práctico con Yosuke Ide*). Tuve que encargarme yo sola de absolutamente todo: composición, ajustes de timbre, escritura de datos. En realidad, esto fue

parte de un experimento en el que asignaban a cada uno de los novatos un proyecto para ver si eran capaces de sacarlo adelante por ellos mismos. Conseguí que me aprobaran, y cuando estaba ya respirando tranquila, un compañero de la empresa me dijo que si quería encargarme de otro juego que saldría por Navidades.

Mi reacción fue de: "Si estamos en agosto, ¿cómo vamos a preparar un juego en sólo cuatro meses?", a lo que me dijo: "No, serían tres. Piensa que la versión máster se envía a duplicación en noviembre. Venga, ánimos, que tienes sólo un trimestre para componer, crear efectos de sonido e implementar". Me quedé de piedra sin saber qué responderle. Y así fue cómo comenzaron los tres meses más locos de mi vida.

En Capcom se desarrollaban primero las pantallas del juego y lo último era añadirle la música. Aquello era lo normal. Con los gráficos ya te hacías una idea viendo los movimientos de los personajes, los fondos y la estética de qué tipo de música le pegaba al juego. No podía irme mucho de lo que esperaban los diseñadores del juego, por eso puse especial cuidado en estar en sintonía con Kitamura-san, en este caso. Pero más importante aún fue dar con temas que animaran a los jugadores y les hicieran sumergirse en el mundo de *Mega Man*. Creé las melodías pensando en qué tipo de música haría que los jugadores se concentrasen más en la partida. No es para menos: un juego sólo cobra sentido cuando hay alguien a los mandos.

A los dos meses, ya tenía casi todas las pistas. Cuando no me venía la inspiración, aprovechaba para crear los efectos de sonido. Fue una batalla contra el cronómetro. Lo que más me costó fue convertir a números las notas musicales y los intervalos para implementar esos datos en el juego. Soy una negada con las cifras. Además, en aquella época tampoco es que se me diera bien equilibrar música con efectos de sonido. Por ejemplo, si la pista uno es para la melodía, la dos es para el acorde, y la tres es para la base, hay que asignar el efecto de sonido a una de esas tres pistas. Cuando este suena, la música deja de hacerlo para dar paso al efecto. Por eso suele emplearse la segunda pista para que no afecte a la melodía de la primera. Pero como tenía muy poca idea, usé la pista de la melodía y cometí el error de que los efectos de sonido se comiesen la parte melódica cuando estos sonaban. En su día no me di ni cuenta (risas). Con *Mega Man* comprendí lo duro que puede llegar a ser para un compositor encargarse por uno mismo sin ayuda de nadie a poner sonido a un juego.

¿Qué le pidieron para *Mega Man*? ¿Tuvo libertad creativa?
Kitamura-san no me pidió nada en concreto, la verdad. Recuerdo que me dijo que expresara lo que me sugerían las pantallas del juego. Para Kitamura-san, la base de *Mega Man* era *Astro Boy*, de modo que hubo muchos temas dinámicos. El que más me gusta es el del ending, que compuse pensando en que Mega Man, a pesar de ser un robot, posee el corazón amable de un humano. A Kitamura-san también le gustó mucho y de ahí pasó a conectar con el opening de *Mega Man 2*.

¿Su seudónimo de Manami Gotoh vino por la familia?
En Japón, la mujer adopta el apellido del marido al casarse. Es lo habitual. Actualmente la mujer puede elegir cuando se casa si conserva su apellido o toma el de su pareja, pero en su día no existía ese derecho y por eso mi apellido actual es el de mi esposo.

Durante esa época surgió una generación de increíbles compositoras japonesas, ¿por qué cree que ocurrió?
En aquellos días se aprobó una ley de igualdad en la contratación, y tanto hombres como mujeres, por igual, tenían las mismas oportunidades de trabajo y salario. Hasta ese momento, los varones tenían privilegios y se vivió una época en que las mujeres apenas eran valoradas en sus puestos de trabajo. Con la por aquel entonces nueva ley de igualdad aumentó la tasa de mujeres empleadas, y creo que eso tuvo que ver para que en las empresas de videojuegos hubiera más compositoras.

¿Tiene la sensación de que ahora existen más o menos oportunidades que antes?
Toda empresa tiene su personal interno que se dedica a la composición de videojuegos. Aunque últimamente no lleguen apenas encargos de las grandes del sector (para los autónomos), cuando lo hacen, estos suelen ser de las series en las que se ha trabajado en anterioridad, por inercia.

Ahora ya no tengo tanto trabajo como antes, pero me llegan peticiones de estudios indies cuyos trabajadores crecieron con los juegos en los que participé. Son más los proyectos que llegan desde el extranjero que desde Japón. Es un honor haber trabajado, hasta el momento, con equipos de países tan dispares como Taiwán, Corea, Indonesia, Inglaterra, México y Estados Unidos. Como se ve en una de las fotos, también he tenido la ocasión de participar en eventos internacionales, como un concierto que di en México y el MAGFest de Estados Unidos, entre otros.

¿Cómo empezó a colaborar con estudios indie?
Todo empezó con *Shovel Knight*, de Yacht Club Games, en 2014. Su director, Sean Velasco, era un gran fan de *Mega Man*, lo había jugado desde pequeño, y me preguntó si podría participar, aunque fuera puntualmente, en su juego. Fue justo en plena época de su Kickstarter, que cumplió con éxito los objetivos marcados. Tras aquello, me contactaron un montón de equipos de fuera de Japón y trabajé con todos ellos.

¿Qué tal fue trabajar con *Retro Revengers*, un título basado en influencers japoneses? ¿Tuvo la música algo especial al respecto?
No recuerdo cómo llegamos a entablar contacto (risas). Pero sí que me acuerdo de como Takabayashi-san (el programador) y Taicho-san (el capitán de los *Retro Revengers*) vinieron a Osaka y me estuvieron hablando largo y tendido sobre el juego. Como en el caso de *Shovel Knight*, ambos eran de una generación que disfrutó con *Mega Man* y me pidieron que escribiera la música para su juego. Durante el ending, Taicho y yo cantamos y todo. Esto es lo típico que no puedes hacer trabajando para grandes empresas (risas). Algo único en los indies.

Me gustaría hablar de su vida, ¿estudió música en la universidad?
Sí.

¿Por qué decidió decantarse por ello?
Desde mi más tierna infancia me encantaba tocar el piano y de forma natural estudié esta especialidad musical en la Universidad de Artes.

¿Qué le dijo su familia al entrar en los videojuegos en una época donde no estaban tan bien vistos?
A mi familia no le preocupó que entrase a trabajar en una empresa de videojuegos. Al ser un trabajo de asalariado, recibía mi paga a final de mes como todo el mundo. Sin embargo, tras hacerme autónoma, ya no me entra dinero mensualmente. Me casé y me mudé a Tokio desde Osaka. Para que me saliera trabajo en las empresas asentadas en Tokio tuve que visitar varias; y conseguí que contaran conmigo: ASCII (la actual Kadokawa), Konami, Sunsoft, HAL Laboratory… Fueron muchas las empresas para las que trabajé.

Parece ser que les impresionó mi currículum en Capcom y no tardaron en hacerse con mis servicios. No me habría hecho freelance de no haberme casado. Con el salario de mi marido vivíamos bien los dos en esa época, de modo que el dinero que conseguía por mi cuenta era para mis caprichos (risas).

Pregunta habitual de nuestra revista, ¿cómo enfoca el proceso creativo?
Cuando compongo, siempre trato de poner especial esmero en conseguir dar con la música que mejor case con un tipo de juego. Me baso en el mundo en el que se desarrolla el juego, los fondos y los movimientos de los personajes para componer mis temas. Cuando escucho música que no pega con un juego, no me imagino a los jugadores disfrutando con él. Creo que lo que más se espera de un compositor de videojuegos es que seamos capaces de dar con la música que realce la obra. Lo mío es componer música que no quede relegada al juego, sino aprovechar para hacer algo original que pueda interpretarse en más de un ámbito.

¿Qué le gusta hacer a Manami Matsumae en su día a día más allá de la música?
Últimamente, le estoy dedicando tiempo a la herboristería. En casa cultivo albahaca y cilantro. También juego al tenis desde hace más de quince años. Tengo unos cincuenta amigos con los que voy jugando.

En estos momentos, ¿cuál es su compositor favorito?
No suelo relacionarme con otros compositores y me inspiro más con la música de otras obras. No hay ninguno en especial que podría calificar de favorito.

¿Cómo ve la industria del videojuego en la actualidad?
Yo estoy en la trastienda de la industria (risas), de modo que mi visión no es que valga para mucho, pero me gustaría que hubiera más compositores jóvenes en el gremio y que tuvieran más oportunidades. Ya tengo sesenta años, y los de mi quinta tendemos a hacer una música de tipo bastante conservador. Me gustaría escuchar temas de compositores jóvenes con un toque más rompedor, de esos que te sorprenden.

¿Siente que ha cambiado mucho respecto a hace varias décadas?
Mucho, de verdad. Y me parece que van a llegar más cambios aún.

¿Con qué tipo de género musical o tipo de música consigue expresarse mejor?
Llevo treinta y ocho años escribiendo todo tipo de temas, así que estoy cómoda con cualquier rama musical.

¿Juega a títulos retro? ¿Hay algún juego en el que participara en su día del que le gustaría ser parte en un posible remake?
Me encantan los juegos retro, pero apenas juego. Soy bastante mala, en especial con los juegos de acción. Y los juegos de los que me llegan propuestas para trabajar son, precisamente, de este tipo (risas). Me gustaría participar en juegos de simulación. Me encanta *Vandal Hearts*, ojalá poder trabajar en él. Si hay alguien de Konami leyendo estas líneas, ¡aquí me tiene!

"Lo que más se espera de un compositor de videojuegos es que seamos capaces de dar con la música que realce la obra"

El mensaje de papá

Texto **Nacho Requena Molina**

Algún lector se estará preguntando si tras dedicar un reportaje a Akira Toriyama y una lámina homenaje –esta para los suscriptores–, el mangaka japonés merece tanto reconocimiento en una revista cultural de videojuegos. Nuestra respuesta es clara y tajante: sí, la merece.

Aunque Toriyama será muy recordado en la historia por su creación más famosa de todas, esa que se llama *Dragon Ball* y tiene a Goku como gran protagonista, es imposible entender el videojuego japonés sin la influencia de este autor. No vamos a incidir de nuevo en la importancia que el dibujante tuvo –para eso ha estado el texto dedicado en este bloque en cuestión–, sino para explayarnos en una de las historias más bonitas que protagonizó: el mensaje que dejó a sus hijos de manera "escondida".

Cuando *Chrono Trigger* salió al mercado, no muchos jugadores fueron capaces de sacar un final en concreto que poseía este juego. Al fin y al cabo, se consideraba el más exigente y complicado de todos, ya que requería una serie de pasos muy específicos para llegar hasta este. Ahora bien, ¿qué ocurría con aquellos que obtenían este desenlace? Pues que la recompensa que lograban era una muy bonita.

En una pequeña sala, un buen número de personajes aparecía de golpe y porrazo. Lejos de ser figuras importantísimas para la historia del juego en sí, estos eran, nada más y nada menos, que los principales creadores de *Chrono Trigger*. En un precioso detalle, las principales mentes involucradas en el desarrollo introdujeron sus avatares, todos y cada uno de ellos pronunciando una serie de frases. Y sí, Akira Toriyama estaba entre esos personajes.

Con un diseño que no dejaba lugar a dudas sobre quién de todos era, el mangaka soltaba un emotivo mensaje para sus dos hijos: "¡Ey! ¡Sasuke! ¡Kikka! ¡Papá está trabajando en videojuegos como este! ¿Lo estáis viendo? ¡¿No es genial?!". En el resto de la sala, personalidades como Nobuo Uematsu, Yuji Horii, Kazuhiko Aoki o Hironobu Sakaguchi se daban cita también. Todos acompañaban al mangaka en esta habitación, algunos con frases muy chistosas, lo que generaba un contraste muy singular.

No deja de ser curioso que Akira Toriyama, un autor que no tenía casi ni idea sobre videojuegos cuando fue llamado por primera vez para uno, terminara participando en muchos de los títulos más importantes de la historia. Poco a poco, este fue cogiéndole cariño al medio gracias a sus diferentes trabajos, la buena conexión que mantenía con muchos de sus creadores y la rienda suelta a nivel conceptual que le ofrecían (algo muy importante para un óptimo rendimiento).

Aunque este guiño sobre sus hijos ya se sabía desde que *Chrono Trigger* se lanzó a mediados de los años noventa, su muerte en 2024 volvió a sacarlo a la luz por parte de aquellos amantes del rol japonés. Queríamos despedir a Akira Toriyama justo con este mensaje, el que dedicaba a sus pequeños –por aquel entonces– al completar el juego. Es tan nimio pero tan bonito que habla por sí solo de cómo era el mangaka.